AF546241

Ifirn-Vademecum

Brevier des mildtätigen Geweihten

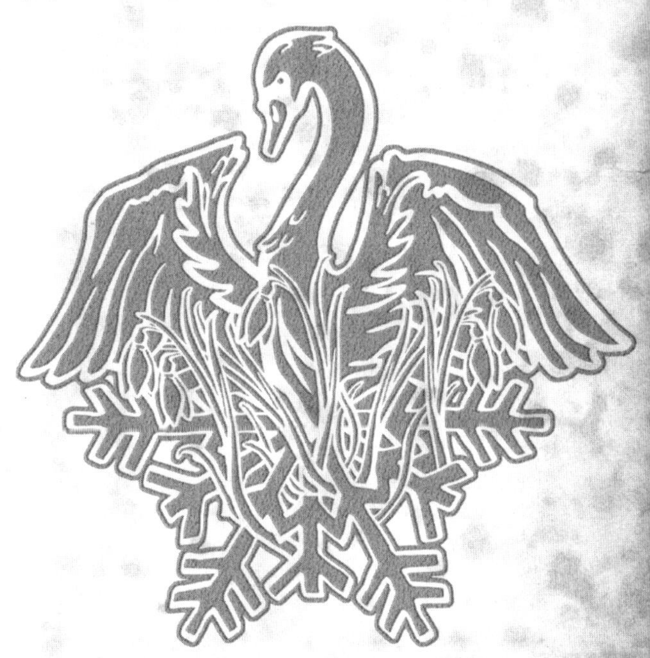

Ulisses Spiele

Impressum

Verlagsleitung
Markus Plötz

Redaktion
Nikolai Hoch, Johannes Kaub

Autor
Christian Nehling

Lektorat
Frauke Forster, Claudia Waller

Künstlerische Leitung
Nadine Schäkel

Coverdesign
Steffen Brand

Illustrationen
Katharina Niko

Layout
Nadine Hoffmann

Layoutdesign
Thomas Michalski,
Nadine Schäkel, Patrick Soeder

Mitarbeiter:innen Ulisses Spiele
Administration Christian Elsässer, Carsten Moos, Sven Paff, Stefanie Peuser, Marlies Plötz
Marketing Philipp Jerulank, Katharina Wagner
Verlag Zoe Adamietz, Jörn Aust, Mirko Bader, Christiane Ebrecht, Frauke Forster, Christof Grobelski Kai Großkordt, Nikolai Hoch, Nadine Hoffmann, Johannes Kaub, Arne Frederic Kunz, Matthias Lück, Benedict Marko, Thomas Michalski, Jasmin Neitzel, Markus Plötz, Diana Rahfoth, Nadine Schäkel, Maik Schmidt, Ulrich-Alexander Schmidt, Nils Schürmann, Alex Spohr, Jens Ullrich, Jan Wagner
Verlag USA Robert Adducci, Bill Bridges, Timothy Brown, Darrell Hayhurst, Eric Simon, Ross Watson
Vertrieb Florian Hering, Jan Hulverscheidt, Saskia Steltner, Stefan Tannert, Sven Timm, Anke Zimmermann

Damit unsere Texte flüssig zu lesen sind, verzichten wir darauf, in jedem Textabschnitt alle Geschlechtsformen zu erwähnen. Aventurien ist ein Kontinent der Vielfalt, in dem sowohl Männer, Frauen als auch alle anderen Geschlechter Teil des Alltags sind. Wir bemühen uns deshalb, geschlechtsspezifische Ausdrücke zu mischen, damit diese Vielfalt nicht vergessen wird. Wann immer du also bei allgemeinen Aussagen eine bestimmte Geschlechtsform liest, kannst du diese durch jede andere ersetzen. In den Fällen, in denen das Geschlecht entscheidend ist, wird dies im Text gesondert ausformuliert.

Printed in EU 2021

Ifirn-Vademecum
Brevier des mildtätigen Geweihten

Eine aventurische Spielhilfe zu
Ifirn und der Kirche der Schwanengleichen
von
Christian Nehling

mit Dank an

Stephan Kaminski-Gesser, Alexander Koch, Jessica Paulat, Fabian und Vanessa Strömberg für den Weg zu Ifirn, Thomas Müller, Michael Nock, Christoph Trauth, Sebastian und Vera Kreppel zwecks kritischer Augen sowie an Wiki Aventurica wegen erleichterter Recherchen.

»Nun sei bedankt, mein lieber Schwan.«
—Richard Wagner, Lohengrin, Erster Aufzug, Dritte Szene

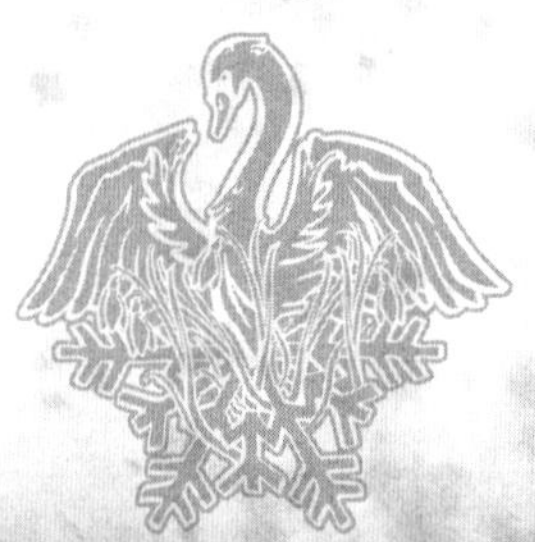

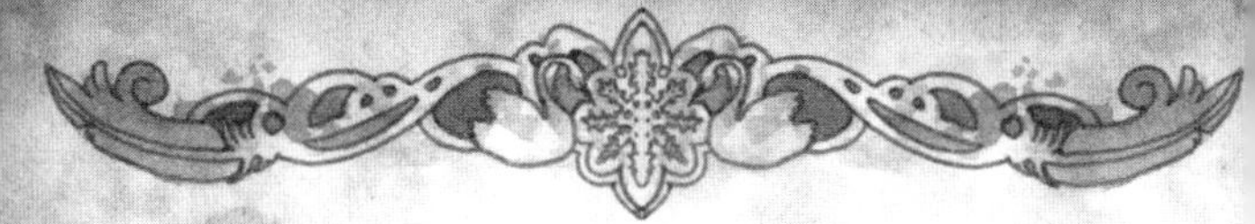

Inhalt

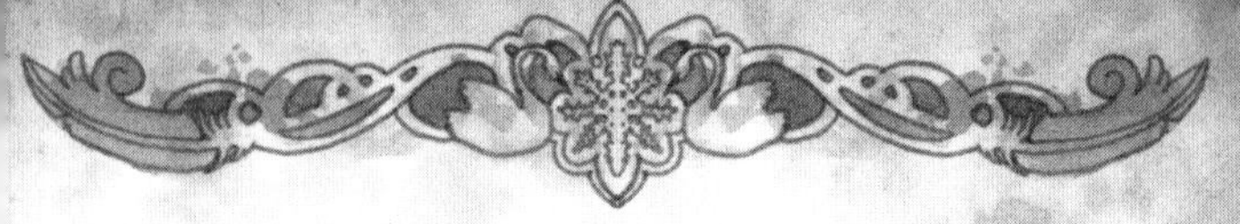

Vorwort

Dieses Vademecum soll interessierten Spielerinnen und Spielleitern einen tieferen Einblick in den Alltag und die Überzeugungen der Geweihten der Schwanengleichen verleihen. Das Buch gibt Hilfestellung zu den Aufgaben und der Weltsicht dieser Profession am Spieltisch sowie im Live-Rollenspiel.
Die meisten Helden und Zwölfgöttergläubigen verbinden Ifirn eng mit ihrem Vater Firun. Viele verehren daher das gemeinsame Winterpaar, welches Teil des zwölfgöttlichen Pantheons ist. Bei genauerem Hinsehen verbirgt sich jedoch mehr unter dem Mantel der sanften Wintergöttin. Diese eigene Seite Ifirns näher zu beleuchten, ist Ziel dieses Buches: Texte aus inneraventurischer Sicht erweitern die Mythologie. Das Gefolge der Göttin und ihre Talismane bieten weitere Facetten zur Inspiration und Abwechslung. Da die Kirche des Wintervaters meist die Einsamkeit vorzieht, sind die Diener der Milden häufig Ansprechpartner für die Gläubigen.

Der Band verfolgt vornehmlich zwei Gedanken: nämlich Altes zu konkretisieren und neue Blickwinkel mit dem Sternenfall zu erlauben. Für frische DSA-Anhänger widmet er sich der Frage, was die Firunstochter genau ausmacht und welche Ansichten ihre Kirche hat. Die Gemeinsamkeiten und Unterschiede zwischen den Gottheiten des Eises spielen dabei eine große Rolle. Die Schwanentöchter und ihre Glaubensströmungen bieten verschiedene Schwerpunkte für den Geweihten. Dies öffnet ifirngefälligen Charakteren neue Türen und bietet Anregungen zur Ausgestaltung. Sucht man Ansprechpartner in Tempeln

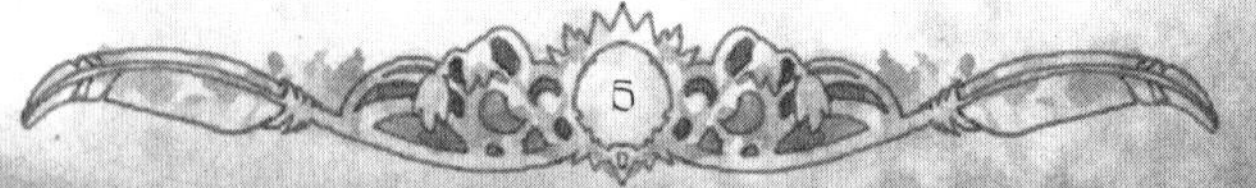

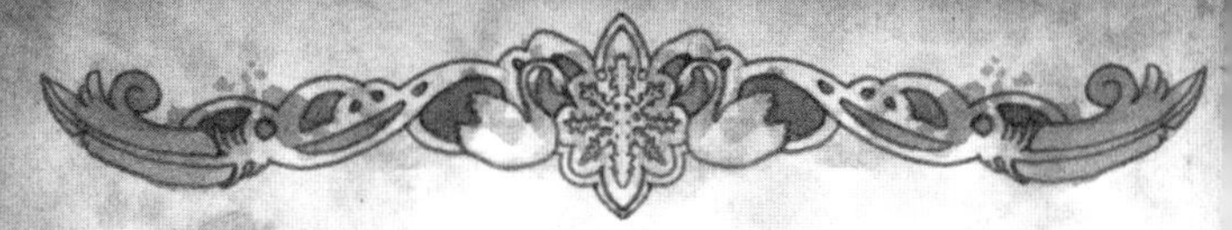

und unterwegs, nennt das Vademecum wichtige Vertreter. Das liturgische Wirken ist ebenfalls enthalten, doch da die praktische Umsetzung kein festes Zeremoniell kennt, kann sie verschiedene Formen annehmen. Diese Vielseitigkeit findet sich an vielen Stellen wieder: Eine leise Stimme spricht zu Tieren, im Schneesturm braucht es dagegen kurze und deutliche Anweisungen, um den nächsten Unterschlupf zu finden.
Die Ausführungen stammen von der Geweihten Ifirnja Birkenoff in Firunsbrunn. Ich hoffe, das Buch dient dem Leser als leitendes Ifirnslicht und stimmt beim Lesen auf den kommenden Winter ein.

Christian Nehling,
Mainz, im heißen August 2020

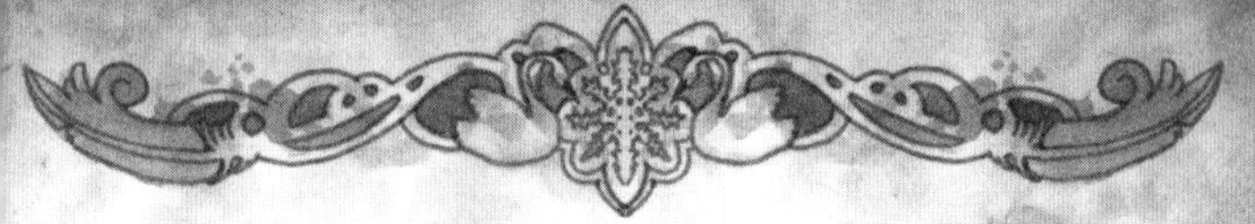

Winterkälte ist kostbar

Was ist der Winter? Viele nennen ihn zehrend und grausam, der Frost sei ein Mörder des Lebens. Darüber schreibe ich dir, einem jungen Geweihten oder einer Akoluthin, denn du verbreitest ein Licht in Ifirns Namen. Ich bringe in diesem Büchlein einige meiner Erfahrungen und Ratschläge zu Papier, auf dass sie dir helfen mögen. Sie sollen für dich eine Stimme der Zuversicht sein, wenn ringsherum nur Stille herrscht.

Die kalte Jahreszeit ist Wandel und Geschenk. Vom Frühling bis zum Herbst säen und ernten die Bauern ihre Feldfrüchte. Das Schaffen bestimmt den Ablauf eines jeden Tages. Doch wenn die Nächte länger werden, legen sich selbst Dachs und Igel zur Ruhe. „Weshalb?“, werden dich etliche unterwegs fragen.

„Um Kraft für den nächsten Frühling zu sammeln“, magst du ihnen antworten. Denn dass ein solcher kommen wird, das wissen Dachs und Igel ebenso wie wir. Auch für uns Menschen ist der Winter die Zeit der Ruhe, der Einkehr und des Miteinanders. Der Körper erholt sich von den vorangegangenen Strapazen und Verletzungen; viele Gedanken und Wünsche erhalten Raum, gar Freiheit. Mit Familie und Gemeinschaft rücken wir näher unter einem Dach zusammen, helfen einander. Dies sind die Momente für Herzenswärme, in denen eine gütige Geste unsererseits sogar Leben zu retten vermag.

Wählst du eine Reise in die Eislandschaft auf dem Pfad der Himmlischen, tust du dies bewusst und stählst dadurch deine Fähigkeit zu überleben. Wappne dich, denn Jagdtiere sind

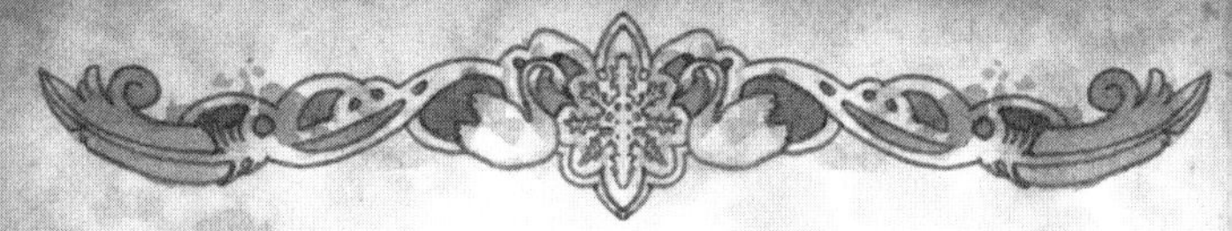

selten und aufmerksam. Jeder Schuss mit dem Bogen entscheidet über dein Vorankommen oder Scheitern. Der Schnee erschwert die Sicht und schärft die Sinne, auf dass du immer den rechten Weg finden mögest. Wie Kälte einen jeden Winter begleitet, soll auch diese Fibel dich auf deinen Reisen begleiten und dir, wenn der Tempel fern ist oder du Inspirationen suchst, Halt geben.

Lange war der Hohe Norden meine Heimat, inzwischen ist es Tobrien. Doch gleich, wo wir uns aufhalten: Kälte vermag unser Leben zu erschweren. Sie fröstelt uns, bringt das Zittern und macht Manches schwerer, doch sie ist nicht unser Feind. Unsere Herrin Ifirn mildert den Winter zu einer Gelegenheit, die wir für Gutes nutzen können, für Wertschätzung und Liebe. Lass den Leib schlafen und entfache deine innere Wärme als Helferin der Schwanengleichen. Ziehe in die Natur und sichere die Vorräte trotz widriger Umstände. Verbreite Mut und Freude, damit die Menschen geistig und körperlich gedeihen. Bald schwant die Sonne des neuen Frühlings vor dem Auge der Hoffnung.

Gleite sanft und fliege fort.

Ifirnja Birkenoff,
gegeben im jungen Ifirntempel zu Firunsbrunn, 1043 BF

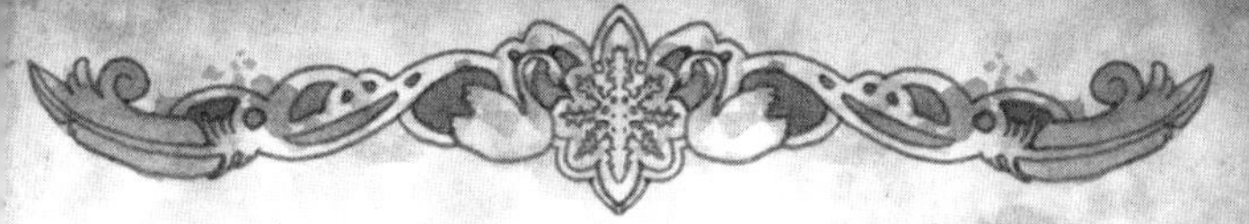

I

Vom Wesen der Milden

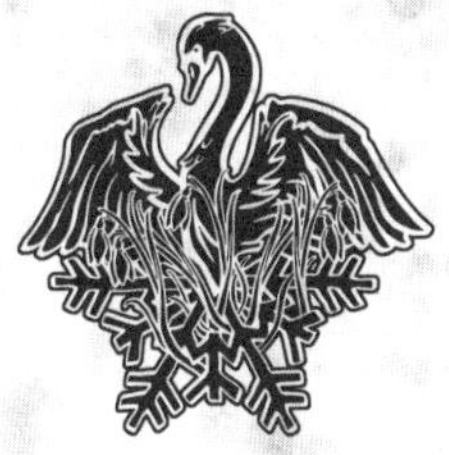

Aus Firn geboren

»Als Rahja die Einsamkeit des Herrn der inneren und äußeren Kälte sah, dauerte er sie. So fasste die Liebholde den Entschluss, Firuns Herz mit Liebe zu füllen. Dazu fragte sie ihren betörenden Liebhaber Khabla um Rat, der eine außergewöhnliche Jägerin kannte: seine Schwester Meriban. Die Herrin der Morgenröte lud den Gott des Winters auf ein Treffen an der bergigen Schneegrenze ein, denn ihrem Liebreiz vermochte selbst er nicht zu widerstehen. Ihr Galan kam mit seiner Verwandten ebenso zum verabredeten Treffpunkt. Die Heitere sorgte für strahlendes Licht und einen leichten Wind, der die Haare der Jägerin umspielte. In jenen Augenblicken fiel der Blick des Frostigen auf die Tulamidin, welche ihren Falken soeben in den Himmel entsandte.

Da schmolz das Herz des Wintergottes erstmals und entbrannte in Liebe. Einige Zeit später geleitete Firun Meriban in sein Schloss aus Eis und Kristall. Dort erblickte die Tochter der beiden das Licht der Welt, Ifirn. Ihr machte Rahja ein kostbares Geschenk und segnete das Kind des Winters mit der Gestalt eines himmlischen Schwans.«

—über die göttliche Winterfamilie, Sagen zu den Schutzheiligen Khabla und Meriban, Gareth, 948 BF

Ifirns Hintergrund können wir den Gläubigen vermitteln und sie an die Hand nehmen. Du, meine Schwanenfreundin, hast die Möglichkeit, dem Suchenden den Pfad zu ihr aufzuzeigen. Die Mittlerin heißt die Göttin, doch sie trägt noch viele weitere Namen. Sie ist es, die mit ihren Gaben zwei Welten vereint: die Wärme und die Kälte.

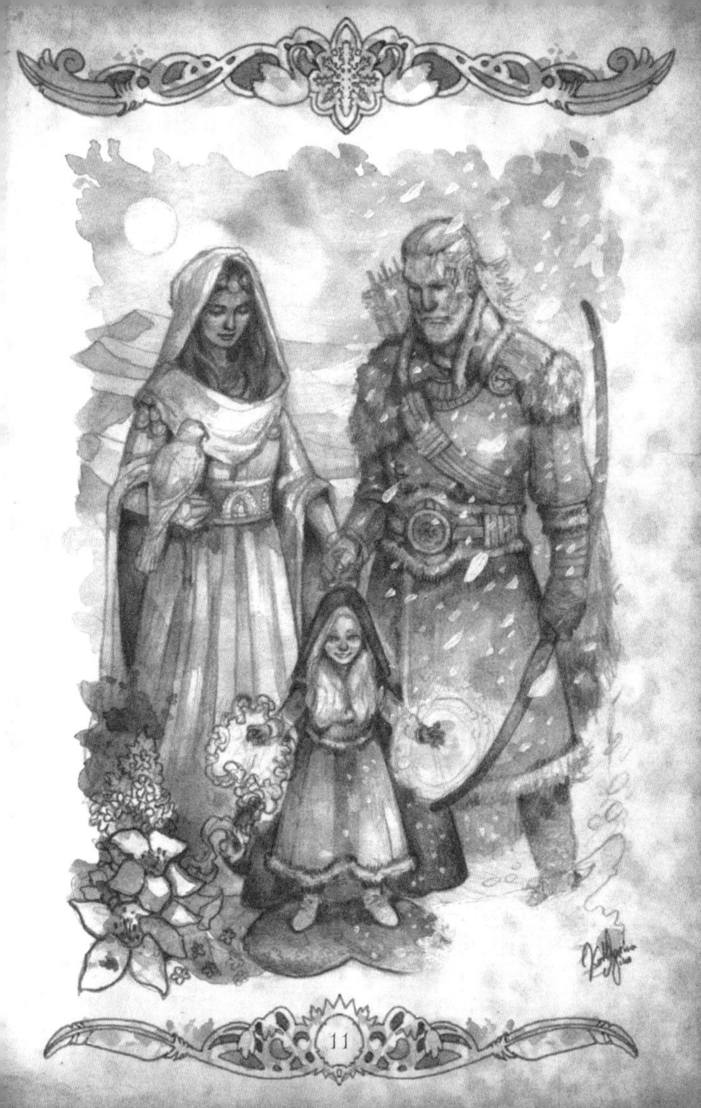

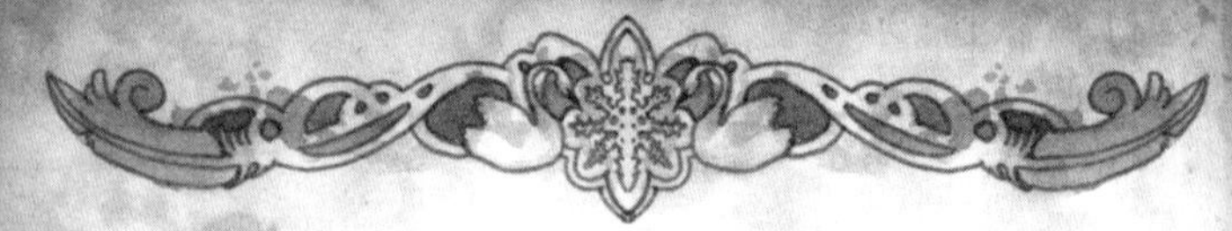

Mehr erfahren wir durch ihre Herkunft: Das Frostige stammt vom Vater Firun, Meister der Disziplin oder Weißer Jäger genannt. Gewiss hat sie die Kunst mit dem Bogen ebenfalls von ihm gelernt, denn ihr angelegter Pfeil trifft sicher sein Ziel. Auf weiten Flächen von Eis und Schnee findet sie sich zurecht. Allein ein Atemhauch von ihr vermag Schneestürme zu besänftigen, wonach nur noch sanfte Flocken zu Boden rieseln. Sucht ein Reisender die geeignete Schneise durch die Wildnis, steht die Himmlische ihm mit Hinweisen oder Landmarken bei. Gleichermaßen schreibt man ihr die Jagd und die Hilfsbereitschaft zu. Häufig kommt dabei die Frage auf, ob sich beides widerspricht. Ifirn war es, die den Menschen Pfeil und Bogen schenkte und ihnen so das Tagwerk erleichterte. Für die Göttin ist das Jagdwesen immer eine Aufgabe im Rahmen der Gemeinschaft, kein Selbstzweck. Daher ziehen wir als Schützen auf der Suche nach Nahrung aus, nicht zum reinen Vergnügen. Wohlwollend blickt die Herrin des Bogenschießens auf jene, die dieser Kunst nachgehen. Denn die Waffe dient ebenso der Verteidigung, falls jemand gegen die Regeln verstößt oder Feinde die zwölfgöttliche Ordnung bedrohen. Letztere dürfen nur bedingt auf Milde hoffen.

Hilft die Gütige jedem in Not? Einem Schwachen reicht sie den haltenden Arm und den Langsamen begleitet sie. Ihren Mantel legt sie um Erfrierende und den Besorgten spricht sie Mut zu. Sie wärmt im Inneren und ist Balsam für die Seele. Vorgeschobene Faul- oder Dummheit treffen auf ihre wachsame Seite, die Behäbigen fordert sie zum Dienst an der Gemeinschaft auf. Dies soll uns ein Vorbild sein.

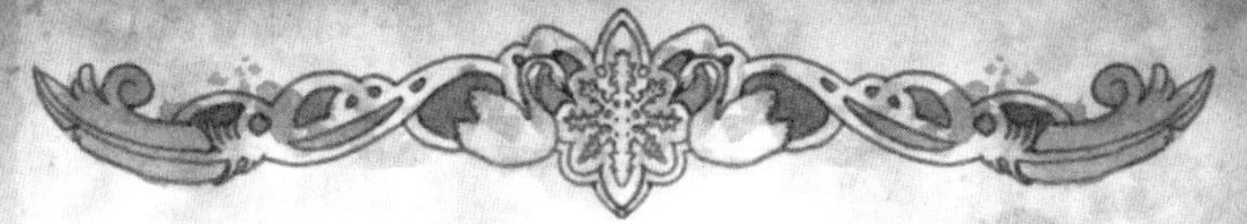

Meriban, die Mutter Ifirns, bleibt meist im Hintergrund der Erzählungen, doch sie ist für uns wichtig, damit wir die Züge der Göttin besser verstehen lernen. Sie wird als Tulamidin nahe der Wüste Khôm beschrieben: als freundliche Tochter eines Hirten oder als opferbereite Jägerin. Das Liebevolle und Warme gehen auf die südländische Mutter zurück. Ifirn kümmert sich mit sanfter Hand um Tiere und bietet Hilfe bei Verletzungen an, seien sie seelisch oder körperlich.
Die Bezeichnung der Göttlichen soll sich gemäß der Gelehrten von zwei Silben herleiten: Das tulamidische „ay" bezeichnet die Herkunft, während man unter „Firn" das angetaute sowie gefrorene Weiß kennt. Frei bedeutet der Name „Ayfirn" nach diesen Überlegungen „aus Firn geboren".

»Vor langer Zeit gerieten Praios und Firun in Streit, uneins über die Grenzen der Herrschaft von Sonne und Eis. Grollend zog der Weiße von dannen und goss seine kalte Wut über die höchsten Berge des Raschtulswalls. Der Frost stürzte bis zum Lebensraum der ansässigen Hirten hinab, welche mit letzter Kraft vor den Lawinen flüchteten und ihr Heim verließen. Nur eine respektable Jägerin unter ihnen gab sich mit diesem Schicksal nicht zufrieden: Meriban. Sie stieg stattdessen das Massiv des Raschtulsturms hinauf, um den Moghul ul Shuhân, den König der Falken, zu finden und um Rat zu fragen. Der Weg war beschwerlich und voller Gefahren, doch die kühne Frau biss zielstrebig die Zähne zusammen und kämpfte sich hinauf in die Felsen. Nahrung fand sie mit Unterstützung ihres Freundes, eines abgerichteten Greifvogels.

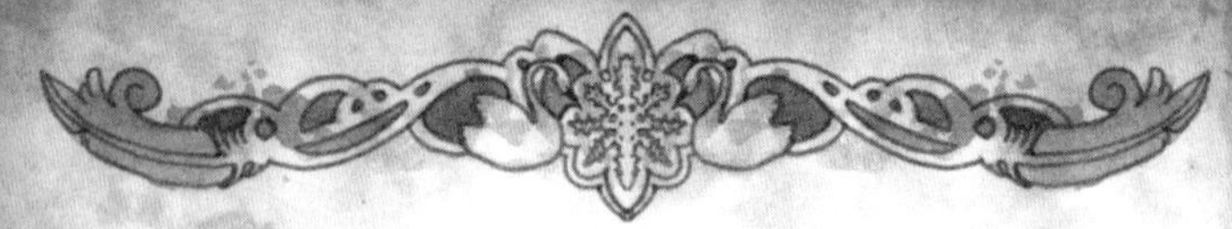

Blutverschmiert trat sie mit dem Jagdtier an der Seite vor den Altar des Falkenkönigs und bat ihn erhobenen Hauptes um Rat. Dies vernahm selbst Firun auf dem frostigen Gipfel und es besänftigte seinen Zorn. Ihr Wille und Mut hatten ihn derart beeindruckt, dass er den fliegenden König ersuchte, Meriban zur Bergspitze zu bringen. Seitdem wacht sie neben ihm im Eis. Sie ist der Grund, warum alle Suchenden bis heute Prüfungen ablegen müssen, bevor man ihnen erlaubt, den heiligen Ort des Tierkönigs aufsuchen zu dürfen.«

—Meriban und der Moghul ul Shuhân, überliefert von einem Hirten im Raschtulswall, 1041 BF

Schnee und Hoffnung

Die Göttin begegnet uns bei vielen Begebenheiten. Gläubige rufen die Sanfte an, wenn eisige Stürme über die weiten Ebenen fegen, denn sie vermag die Kräfte des eisigen Vaters zu beruhigen. Im Grau des Winters durchbrechen zarte Blüten die dichte Decke der Kühle. Weiße Ifirnsglöckchen sind die Boten unserer Frühlingsbringerin für die kommende Jahreszeit. Betrachten wir ein fürsorgliches Schwanenpaar auf einem Weiher, sehen wir das Sinnbild der Firunstochter. Jene behüten ihre Jungen aufmerksam und geleiten sie zum Schutz in ihrer Mitte.

Hat eine Reisende die Orientierung verloren oder den falschen Weg gewählt, fällt das strahlende Licht des Nordens durch die Wolken und weist ihr die Richtung. In dunklen Stunden ist der leuchtende Stern ebenso ein Ausdruck für die Zuversicht,

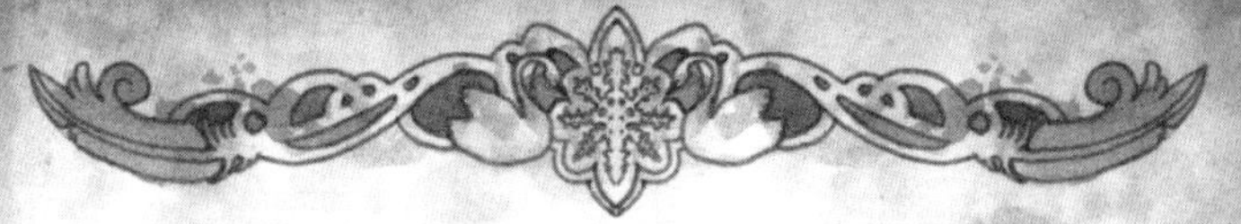

welche uns die Hoffnungsspendende sendet. Das Weidenkätzchen übt absichtlich eine Anziehung aus: Die Gebende führt dich damit zu einem Baum, aus dessen Ruten sich Körbe flechten lassen. Sogar bei der Anfertigung eines Lederschilds finden diese Verwendung. Helle Birkenrinde wählen die Nivesen für Zelte und Kleidung. So beschenkt die Mittlerin die Menschen mit ihren Gaben, und der Kundige weiß sie zu nutzen.

»Nun ward der Schrecken ohne Namen verbannt, doch seine faule Saat weilte noch unter den Sterblichen. Da zog Firun gen Dere und jeder seiner Schritte brachte den ewigen Frost zur Strafe für diesen Frevel. Der Tod und die Ödnis ließen das Leben auf der Welt verstummen und der Göttin Tsa wurde es schwer in der Brust. Deshalb bat sie den Eisigen um Nachsicht, doch ihre Bitte verhallte, da das Böse noch auf Dere ward. Iphroun, eine Tochter des Meeresgottes, verblieb trotz aller Warnungen und Gefahr aus Liebe zum Wasser in ihrem See und verging. Da weinte die Allesspendende Mutter salzige Tränen um den Verlust ihrer Freundin. Diese ließen das Eis des gefrorenen Gewässers tauen, bis der Quell sanft murmelte. Die ewig junge Göttin schöpfte vom klaren Nass und erwartete das drohende Frostwetter. Nur kurze Zeit später wandelte der Gebieter der Kälte erneut umher, auf dass sich das Schlottern wiederholte.
Doch Tsa formte aus dem frisch entstandenen Schnee des Seewassers einen großen Ball und segnete ihn mit ihrer überderischen Kraft. Jener war ein hoffnungsvolles Geschenk an die Ehefrau Firuns. Nach zwölf Tagen entsprang diesem die liebliche Tochter der beiden, zart und einfühlsam. Ihre glockenklare Stimme vermochte selbst das Herz des Wintervaters zum Klingen zu bringen und die

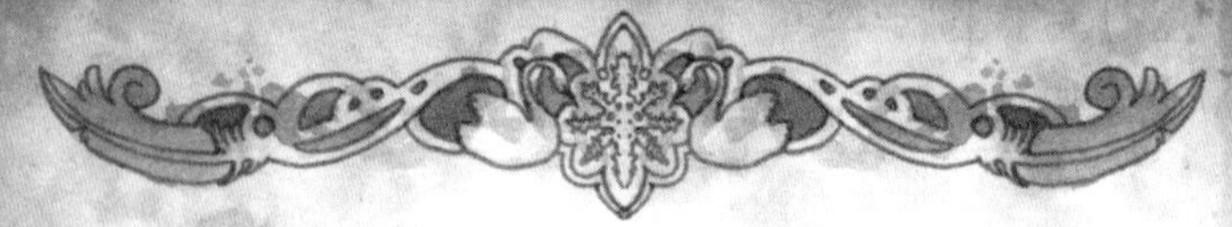

Welt erneuerte sich. In Gedenken an die Dahingeschiedene schenkte man dem Firunskind den Namen Ifirn.«
—Iphrouns Opfer und Tsas Segen, nach der Erzählung eines Waidmanns, Hoher Norden, 1034 BF

Den Idealen folgend

Begibst du dich auf ihre Pfade, legst du vor der Wintergöttin und deinem Umfeld ein großes Versprechen ab, denn eine Dienerin der Sanften verkörpert die Helferin in der Not. Benötigt jemand Unterstützung, stehst du ihm mit allen Kräften zur Seite. Doch sei nicht leichtgläubig: Feinden der Zwölfe bleibt der Beistand versagt, denn sie rütteln an den Grundmauern der Ordnung. Bewegung und Schnelligkeit gehören zu den Idealen eines jeden Schwanendieners, denn sie wappnen den Körper für die Herausforderungen der Natur. Senke deinen Puls durch häufiges Laufen, gerne mit schwerer Kleidung und zusätzlichen Gewichten. Im tiefsten Winter sind die geübten Muskeln deine besten Diener. Suche dir kleine, flinke Ziele, wenn du deine Hand am Bogen übst. Ein Tannenzapfen im Wind oder ein schwimmender Ast im rasanten Schmelzwasser sind ideal. Gewöhne Auge und Finger an die Handhabung, denn im tiefen Frost bleiben dir auf der Jagd nur wenige Versuche.

Dunkelheit und Kälte lösen bei vielen Ängste oder Unbehagen aus. Spende, liebe Freundin, anderen Wärme mit Mantel und Decke, da du an das Eis gewöhnt bist. Ein heißer Tee mit etwas

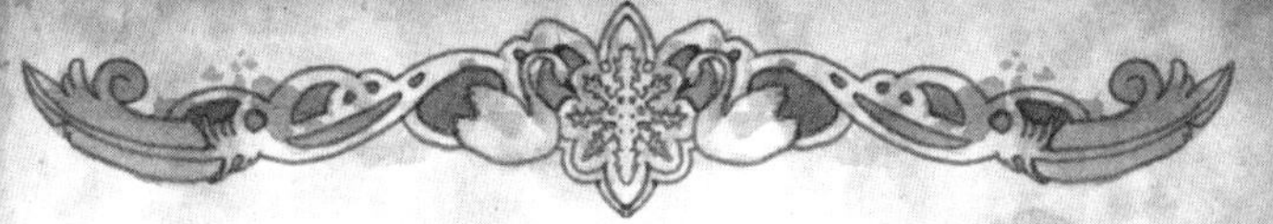

Weinbrand erweckt müde Glieder zu neuem Leben. Hoffnung ist dein strahlendes Licht, das Traurigkeit und Furcht vertreibt. Stärke die Überzeugung für das Gute und das Vertrauen in das bereits Erreichte. Der Becher ist für uns halbvoll und der heftige Sturm zieht vorüber. Einladend winkt allen die Gemeinschaft zu, da ihr warmes Nest sogar verschlossene Gemüter berührt. Der Blick voraus macht die Seele frei, für Anfang und Wandel. Wer nur nach hinten schaut, wird stehenbleiben. Wähle aber deine Worte behutsam, denn manch Notleidender muss erst kleine Schritte lernen, bevor er die großen bewältigen kann.

Die immerwährende Reise ist für jede Ifirnsjüngerin von Belang. Folgt daraus eine ewige Wanderschaft wie beim Diener des Aves? Nicht zwangsläufig. Wir Geweihten wählen unterschiedliche Ansätze im Leben. Einige von uns legen das Prinzip eng aus und ziehen im Hohen Norden umher, entsprechend den Einstellungen der zwei wachenden Schwanentöchter, Lidari und Aidari. Andere deuten in der Reise eine fürsorgliche Weisung. Das Hegen und Hüten des Miteinanders bringt eine Gemeinschaft hervor, die wächst und gedeiht. Entscheidend sind für mich die gemachten Erfahrungen eines Lebens. Sie lassen die Persönlichkeit gedeihen und nähren die innere Kraft, die Früchte einer Lebensreise. Daher tut es jedem gut, die Schwingen auszubreiten und sich zu erheben, ob allein oder in Gesellschaft.

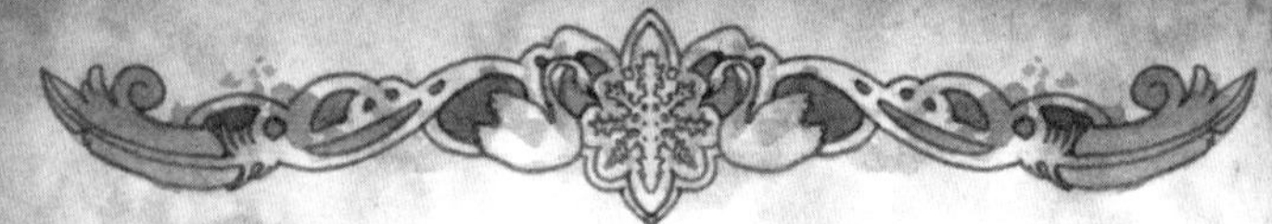

Hier magst du von eigener Hand ergänzen

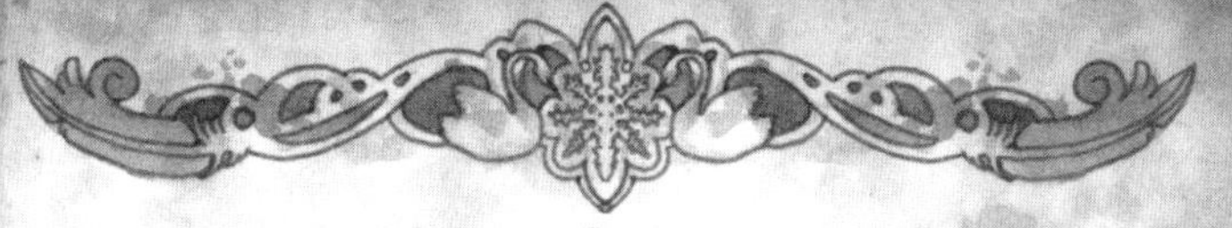

II

Weiße Federn und Kontraste – Das alveranische Gefolge

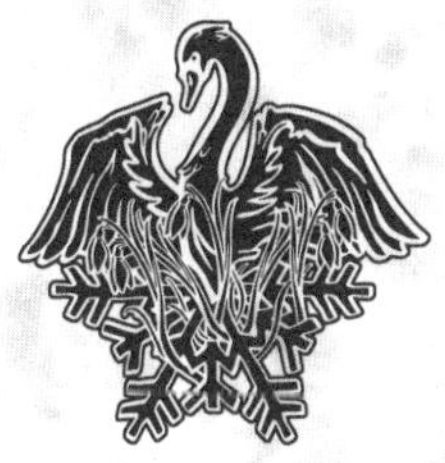

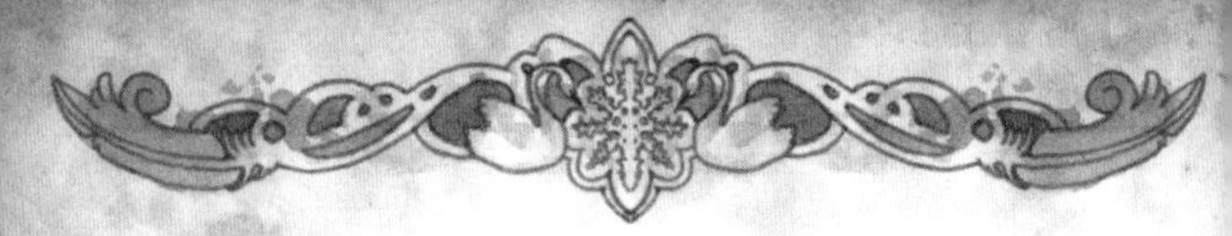

Von Tochter und Vater

Ist der Frost des Wintergottes gleichbedeutend mit Ifirns Winter? Beides empfinden wir als kalt, doch eine Erklärung bedarf einer genaueren Betrachtung beider Aspekte.
Ein Diener Firuns jagt ebenso das Wild, doch ist die Intention von Bedeutung. Vornehmlich erfolgt hier ein Wettstreit der Fähigkeiten. Der Stärkere der Kontrahenten kommt dem Sieg näher. Ist der Herausforderer unaufmerksam, erhält der andere einen Vorteil. So schlagen beide Äxte in das Holz eines Baumes, bis er in eine Richtung fällt. Erträgt jemand die Kälte im Haus nicht, hat er mehr zu leisten und muss häufiger hinaus in die Wildnis. Es ist Kampf, ein Terrain voll von Leiden und Schmerzen. Der Diener des Weißen Jägers hört in sich hinein, kontrolliert Atem und Herzschlag. Bei ihm selbst liegt jeder Gedanke, selbst ein einziger Fehler kann den Tod bedeuten. Sein geistiges Auge schaut nach innen, zum firungefälligen Ich. Der Beiname des Gottes lautet Meister der Disziplin und spricht damit für sich.

Dies ruft uns Ifirngläubige zur Jagd: das Ziel, Nahrung zu finden; nicht nur für uns selbst, sondern für alle. Ausbleibender Proviant zieht Hunger und Not nach sich, daher sind wir als Jägerinnen in der Dorfgemeinschaft oder Sippe verankert. Unsere Gedanken kreisen bei Misserfolg um die Alten, Kinder und Kranken, deren Kräfte der Mangel schwächt. Auf dir lasten Erwartungen und ruht die Hoffnung. Die erlernten Fähigkeiten stellst du der Gemeinschaft zur Verfügung, dem ifirngefälligen Wir. Sieg und Niederlage bedeuten jeweils Verantwortung für geliebte Menschen.

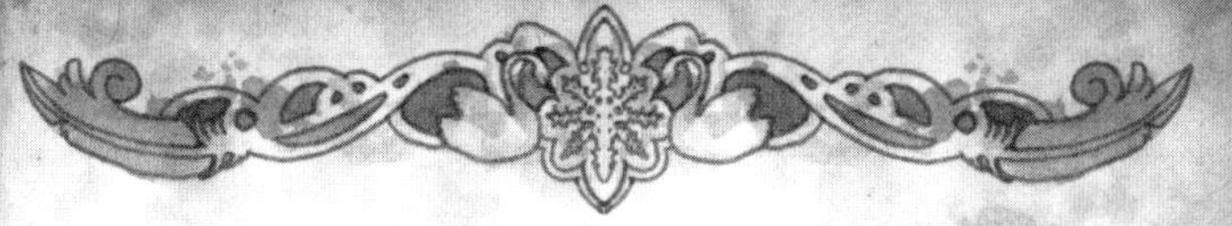

Wo Unterschiede sind, gibt es ebenso Gemeinsames. Der Wandel zum Winter geht vom rauen Vater aus. Seine Tochter bestätigt ihn, obgleich sie seine Strenge mildert und uns Hilfe schickt. Im Umgang mit Widersachern stimmen beide überein: Sie sollen Firuns Atem spüren und vergehen. Zudem bieten beide Gottheiten ihnen mit Pfeil und Bogen die Stirn. Suchen die Menschen nicht häufig das Bequeme? Der Wintergott tritt diesem Drang mit Einhaltung von Ertüchtigung bis an die Grenzen entgegen. Seine Tochter bindet die Schwerfälligen in die Arbeit ein, also leite du sie an. Denn in der kalten Jahreszeit wird jede helfende Hand gebraucht.

Das jenseitige Paradies zeigt gemeinsame Bande, nach dem Tod tritt der Getreue in Firuns Jagdgründe. Die Gläubigen sitzen an einer immer gefüllten Tafel und die Frevler werden die Beute sein. Unter uns Anhängern spricht man innerhalb des Winterreichs über eine farbenfrohe Wiese voller Krokus und Veilchen, an dessen Rand saftige Beeren wachsen. Die Strahlen der Sonne zeigen wie weisende Finger durch die Wolkendecke und flirren vor den Augen. In der Ferne überzieht leichter Schnee das Land, der die Welt in Daunen hüllt. Ein Bach voller Schmelzwasser rauscht vorbei, Arnika und Ingerimmsglöckchen verbreiten eine Brise frischer Düfte. Niemand ist allein oder leidet Not.

Manch einer verwechselt Geweihte beider Gottheiten auf den ersten Blick. Ifirns Jägerinnen arbeiten eng mit den Waldläufern Firuns zusammen, beide lernen voneinander. Der nordische Wanderer sucht die Mysterien im ewigen Eis, eine ähnliche

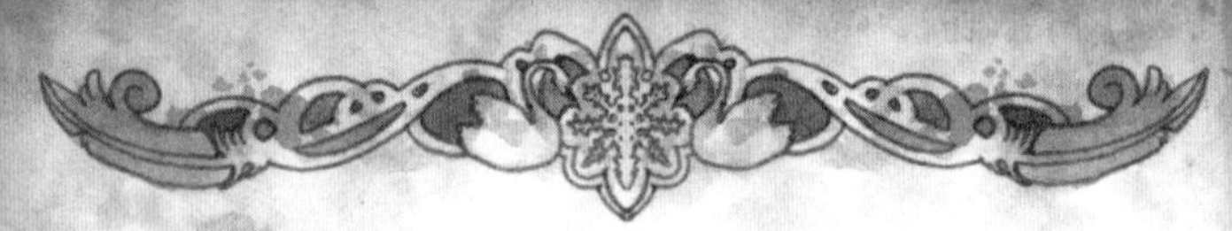

Motivation leitet unsere Prophetin der Eiskristalle, denn sofern dir etwas schwant, bist du dem Schicksal enger verbunden.

Kinder des Schnees

»Und Ifirn wuchs zu einer betörenden Maid, schneidig in den Bewegungen mit einem sanften Lächeln. So baten einige himmlische Verehrer um ihre Gunst. Doch dem Alten vom Berg, ihrem Vater, war keiner gut genug für sein Kind. Daher trieb er sie alle in seinem Grimm davon. Die Schwanengleiche erschrak ob seiner brüsken Ablehnung und schlich sich in einem Gewand aus Schneeflocken heimlich zu den einzelnen Bewerbern. Der schwarze Himmelswolf Gorfang beeindruckte sie mit seiner Präsenz und seinem Sinn für Gerechtigkeit. Den ewigen Baldachin zeigte ihr der dunkle Himmelsadler Iyi, mit dem sie über die Weiten des Winters flog. Ihr liebenswertes Lachen erklang bei den gewitzten Geschichten des Silberfuchses Rajok. Der Gottwal Swafnir geleitete sie durch den Fluss zum Meer und trug dabei seine Abenteuer in einer Saga vor. Die Mittlerin genoss die gemeinsame Zeit, wollte ihren Vater aber nicht auf ewig erzürnen. So schenkte sie jedem eine einzige Nacht und am Morgen ein Ei, in Erinnerung an das kostbare Erlebnis. Daraus schlüpften nacheinander die Töchter Nidari, Yidari, Lidari und Aidari, welche wir unter dem Namen Silberschwäne kennen.«
—Almanach des Volksglaubens, Norburger Ausgabe, 1029 BF

Die Kinder Ifirns sind die silbernen Schwäne. Im Licht von Sonne und Mond funkelt ihr glitzerndes Gefieder. Sie gewähren uns Einblicke in die Natur der Schwanengleichen und

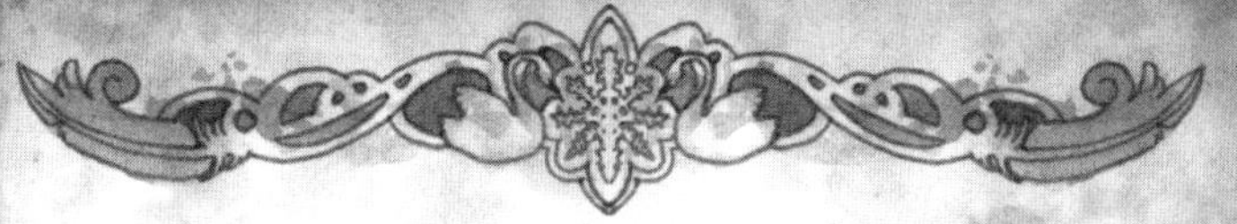

bilden gemeinsam ein bedeckendes Federkleid. Manche Erzählung erwähnt auch die göttliche Himmelskutsche, welche die lieblichen Schwanentöchter durch die Lüfte ziehen.

Nidari

»Nidari nickt dem rechtschaffenen Jäger zu.«
—Kelas Notizbuch, Tempel Eestiva, 1043 BF

Nidari ist die Erstgeborene und stammt von Gorfang ab, dem Rudelführer der Himmelswölfe. Der sogenannte Wolfenkönig ist Teil der Wilden Jagd, die Firun selbst anführt. Im Sternbild Eisbär markiert er für alle das Maul, Herrschaft und Rache sind sein Metier. Welchen Prinzipien folgt der gemeinsame Spross? Die erste Tochter führt die Aufsicht über die göttergefällige Pirsch. Wagt es ein Waidmann, ein Tier ohne Not zu hetzen und zu quälen, schreitet Nidari ein. Denn die Jagd dient nicht dem Spaß, sondern steht für die Suche nach Nahrung. In einigen Erzählungen zieht sie in der Gestalt eines strengen Wolfs umher. Andere präsentieren sie uns in Form eines mahnenden Schwans mit prüfendem Blick und ausgebreiteten Flügeln. Dergestalt straft sie ihre Gegner mit hartem Flügelschlag und kraftvollem Schnabel. So wundert es nicht, dass einige unserer Schwanenfreunde im Namen der Patronin umherziehen und die Einhaltung der Jagdprinzipien beaufsichtigen. Dabei sind sie Wilderern auf der Spur, die aus Gier töten. Man schreibt Nidari sinnbildlich die äußere Schwungfeder zu.

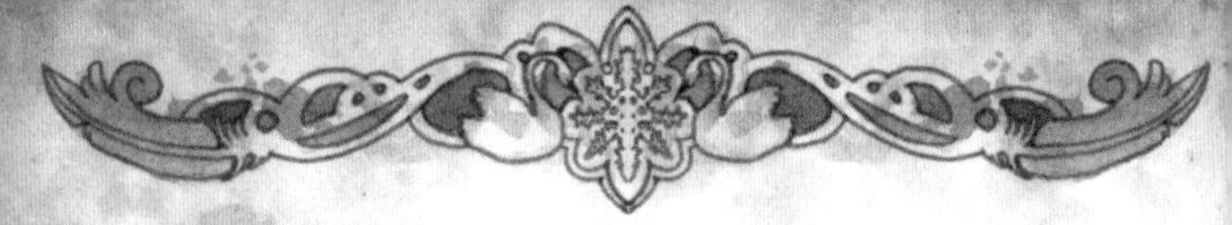

Yidari

»Yidari justiert Pfeil und Bogen.«
—Kelas Notizbuch, Tempel Eestiva, 1043 BF

Iyi ist der väterliche Elternteil Yidaris, der Zweiten. Der schwarze Himmelsadler unterstützt Firun ebenso in seiner Jagdgesellschaft wie Gorfang. Als Rückenstern vervollständigt er den Bären am Firmament. Seine mächtigen Schwingen bezwingen den schärfsten Wind auf Erkundungen in der Höhe. Das Sehvermögen des Greifvogels ist legendär, kein Ziel verliert er aus den Augen. Wo hilft demnach Yidari?

Sie ist die Meisterin des Bogenschießens: Das Anvisieren der Beute lehrt sie den Schützen. Ebenso führt die Schwanentochter die Finger, welche den Pfeil an der Sehne halten. Der Zielende und sein Bestimmungsort sind eins, denn die Halbgöttin knotet das Band zwischen beiden. Zu manchen Zeiten nimmt sie das Äußere ihres Vaters an und stößt vom Himmel hinab. Ihre Greifvogelkrallen schlagen wie der gelungene Treffer zu. Weiterhin existieren Bilder, in denen die Schwanengestalt mit langgezogenem Hals unter den Wolken gleitet. Unsere Anhänger Yidaris sehen in der Kunst des Bogenschießens ebenso den Weg zum Gleichgewicht der Gedanken und der geistigen Stärke. Konzentrationsübungen und Fokussierung wenden wir auf ihren Wegen an. Die innere Schirmfeder zählt zu den Zeichen der Adlertochter.

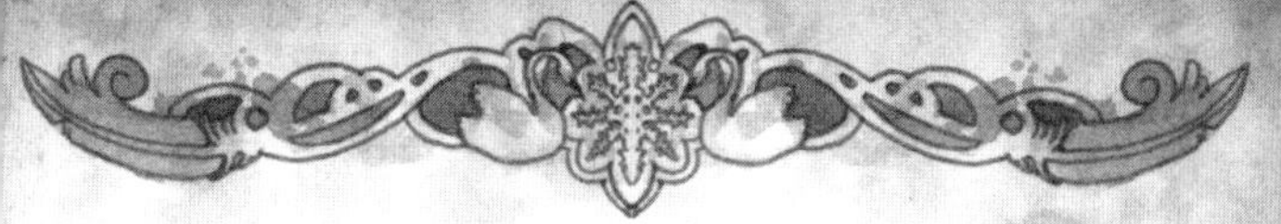

Lidari

»Lidari lotst die Wanderer durchs Eis.«
—Kelas Notizbuch, Tempel Eestiva, 1043 BF

Die Dritte im Bunde ist Lidari, eine Nachkommin des Silberfuchses Rajok. Dieser unterstützt wie Gorfang und Iyi das Gefolge des Wintergottes. Berühmt ist er für seine Schläue und seine Fähigkeiten als Kundschafter. Dem kristallglänzenden Fell des Fuchses soll man sogar im undurchlässigen Schneesturm folgen können. Im Sternbild des Eisbären weisen ihm viele Sagen das Auge zu. Welche Rolle übernimmt seine Tochter Lidari?

Das Kind folgt dem Vorbild ihres Vaters und weist den Reisenden den Weg durch die Wildnis. Vom Pfad Abgekommenen verhilft sie zu Orientierung und schützt sie vor Gefahren. Steht ein Wanderer kurz vor dem Eintritt in einen Bereich des Todes, lotst ihn die Dritte auf neue Wege. Berichte von Überlebenden zeugen von plötzlichen Schneelichtern, mitreißenden Windspielen oder Zeichen in den Wolken. Wenigen von uns wird das menschliche Antlitz der Tochter zuteil, die verspielt aufzutreten vermag. Häufiger ist stattdessen von einer weißen Füchsin beziehungsweise einer funkelnden Schwänin die Rede, die sich in Feldern und Wäldern aufhält.

Künstler verehren Lidari wegen ihrer tiefen Sehnsucht zur Fremde. Als verführerische Frau mit silbernem Haar ziert sie Malereien im idyllischen Panorama. Langsame Weisen und Melodien haben reisende Barden als Gabe an sie verfasst. Den Unsrigen, der sich für den Weg Lidaris entscheidet, den begeistert auch der Umgang mit Menschen und Künsten. Eine Steuerfeder für den sicheren Flug ist ihr Symbol.

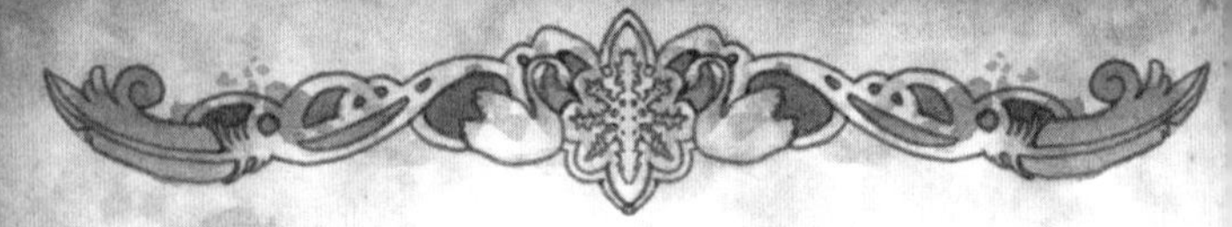

Aidari

»Aidari achtet auf Boots- und Flussschiffende.«
—Kelas Notizbuch, Tempel Eestiva, 1043 BF

Die nächste der vier Silberschwäne ist Aidari, eine Tochter Swafnirs. In der Gestalt eines weißen Pottwals durchschwimmt der Rondra- und Efferdsohn die tiefsten Weltmeere. Er ist der Gebieter der Seefahrt und schützt gegen die schrecklichen Ungeheuer des Meeres. Zu seinen Prinzipien gehören Ehrlichkeit, Freiheit, Gemeinschaft und Mut. Bei einem Gespräch mit einem Thorwaler bemerkst du schnell, dass die Nordländer ihn entgegen dem Silem-Horas-Edikt als Hauptgott des Meeres verehren. Was bedeuten diese Gesichtspunkte für Aidari?
Die Vierte behütet die Menschen auf Seen, Bächen und Flüssen. Dem Netz einer Fischerin schenkt sie einen ausreichenden Fang, sodass der Hunger ausbleibt. Halt findet das Boot der Reisenden und passiert so gefährliche Stromschnellen, ohne zu kentern. Zuweilen nimmt sie die Gestalt einer silbernen Nixe an und erscheint so uns Sterblichen. Ebenso besucht sie Notleidende in Form eines strahlenden Schwans. Das Wesen eines scheuen oder schweigsamen Geschöpfs schreiben ihr die Anhänger Firuns zu. Womöglich verschreckt ihre barsche Art die Tochter, die so außergewöhnlich sanft und herzensgut ist. Ifirns Sagen nach ist sie ein freundliches Wesen, welches ein Hauch von Ruhe und Frieden umgibt. Folgt eine Gläubige aus unserem Kreis dem Ruf Aidaris, erinnert sie ihre Umgebung an Beständigkeit und Treue. Die wasserabweisende Puderfeder ist ihr Zeichen.

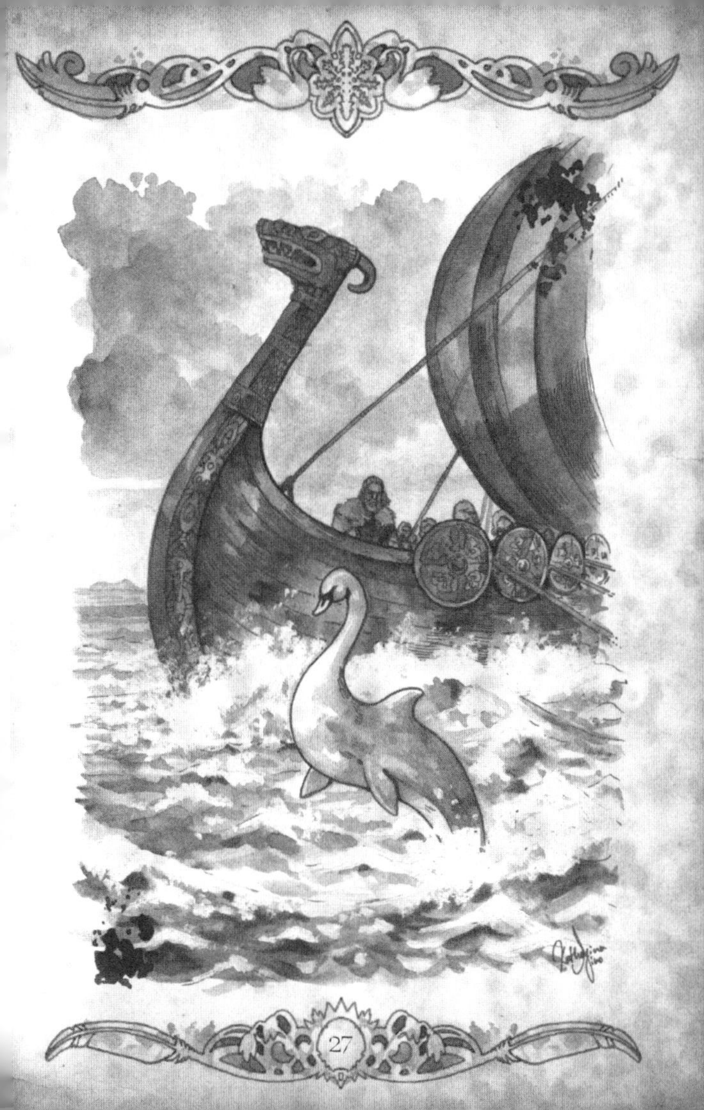

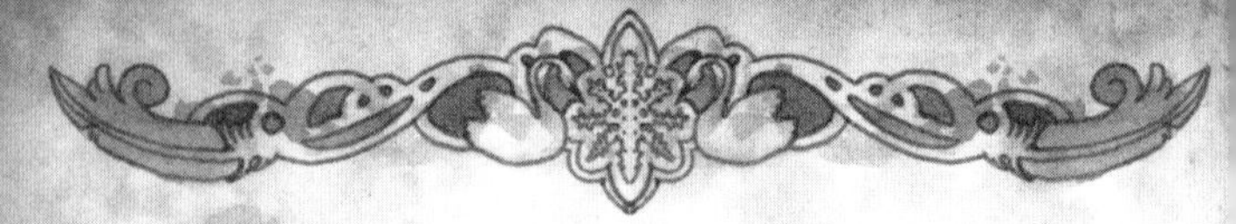

Swanifrej

»Swanifrej schenkt Kundschaften seines Vaters.«
—Kelas Notizbuch, Tempel Eestiva, 1043 BF

Der Silberschwan Aidari ist nicht das einzige Kind mit dem Gottwal Swafnir. Ihm gebar die Hoffnungsspendende auch einen Sohn namens Swanifrej. Der weiße Delphin mit dem Schwanenhaupt geleitet seinen Vater durch die Ozeane und überbringt dessen Botschaften. Sein Ziel erreicht er nicht ausschließlich über das Wasser. Ab und an wechselt er in eine Schwanengestalt und steigt mit den Flügeln aus dem Meer auf. Vor allem im Norden Thorwals zollt man dem männlichen Nachkommen Ifirns Respekt. Es heißt, er habe den Kurs zur Schicksalsklinge Grimring kundgetan.

Königin der Schwäne

»Der Frühling zeigte seine volle Pracht. Die Birnbäume hatten den Winter überstanden und die Bienen sammelten fleißig Nektar von den ersten Glockenblumen. Inmitten der Stimmen von Drosseln und Goldammern badete die Schwanengleiche in einem Weiher. Da kam ein weißer Hirsch auf die sonnige Lichtung und die Schmetterlinge umtanzten sein majestätisches Geweih. ›Wer bist du? Ich habe dich noch nie gesehen‹, fragte er die Schwänin.
›Ist dem so? Kennst du nicht den Neubeginn der Jahreszeiten? Komm ruhig näher.‹
Auf diese Weise fanden der Sechzehnender und die Frühlingsbringerin zueinander. Er erzählte ihr vom hellen Reich der Feen und

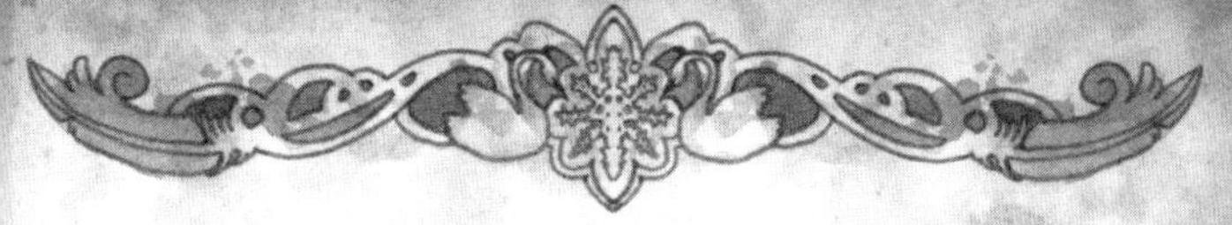

den verschlungenen Pfaden. Sie malte ihm winterliche Bilder ins Wasser. Doch der Sonnenuntergang stand bevor und der Abschied nahte. ›Sehen wir uns wieder? Von jetzt an werde ich mich einsam fühlen‹, gestand der Weiße.
›Du brauchst Gesellschaft‹, erwiderte sie. Da richtete Ifirn ihren Wunsch an Reißgram, denn jener war ein Mitglied der Wilden Jagd ihres Vaters. ›Oh himmlischer Wolf, Herr über die ersten Tiere, schenke uns beiden eine liebe Freundin.‹ Die Abendsonne spiegelte sich im gebirgsklaren Wasser und aus dem funkelnden Licht trat sie, die Königin der Schwäne.«
—Von Feen und Königen, Weidener Ausgabe, 1017 BF

Zu den Ersten unter den Tieren gibt es viele Lieder und Geschichten. Hast du schon von der Schwanenkönigin gehört? Einige glauben, dass es sich in Wahrheit um unsere Herrin Ifirn handelt. Ich kann dir anderes versichern: Sie ist den Menschen und der Wintergöttin eine weise Beraterin. Jene suchen den Rat der Unsterblichen, die Tränen über nicht standesgemäße Liebe vergießen. Denn Zuneigung überwindet Grenzen, über Besitz und Ansehen hinaus. Opfer von Erpressungen, deren Familien bedroht werden, hoffen auf Besserung. Für diese hält die Königin Zuversicht bereit. Im seichten Wasser am Ufer ihres versteckten Weihers funkeln Diamanten in der Sonne.
Die Juwelen sind eine Prüfung der Absichten. Die Egoisten nehmen die Funkelsteine ohne ein Wort des Dankes. Sobald sie das Nass verlassen, zeigen die Brillanten ihr wahres Antlitz: schnöde Kiesel. Ähnliches geschieht den Gierigen. Das Innerste der Selbstlosen erfreut die Tierhoheit. Zumeist erscheint

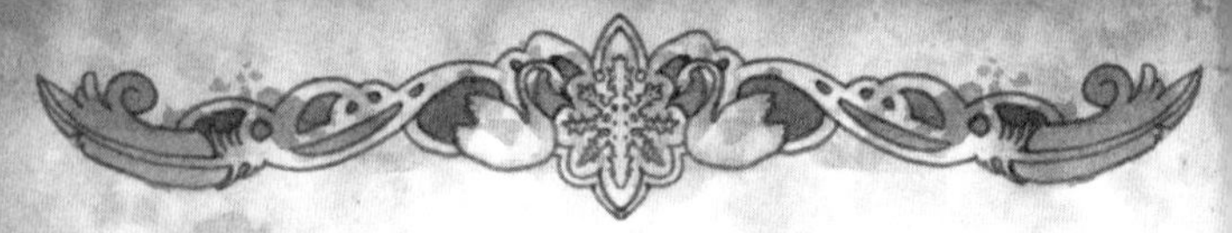

sie in Form eines lichtdurchfluteten Schwans, der den Besuchern tief in die Seele schaut. Den Unschuldigen oder hart Gebeutelten tritt sie in menschlicher Gestalt gegenüber. Kleidung aus feinstem Silbergespinst trägt die zarte Frau mit wallendem Haar, das dem einer Prinzessin gleicht.
Sie stellt sich uns mit dem Namen Cinjuë vor, hört ihren Gästen zu und zeigt ihnen neue Wege auf. Die Tränen der Armen wandeln sich am Zaubersee zu prachtvollen Perlen, die Erpressten finden zwischen dem Gestein wahrhaftige Diamanten. Doch Schätze allein bringen kein Glück, und so lehrt sie alle das gesunde Maß der Natur, das Gleichgewicht zwischen Nehmen und Geben. Ihre Worte lassen uns zu der uns innewohnenden Kraft finden, auf dass wir Widrigkeiten zu überwinden verstehen. Auch der erquickende Birkenzucker wird der Königin der Schwäne zugeschrieben, dessen Süße manch einem ein Glücksgefühl verleiht, ein gebrochenes Herz zu wärmen und die Trostlosen vom dunklen Schleier befreien mag.

Kontraste

In das Eis und Federkleid mischen sich zuweilen andere Farben. Jeder von uns kennt die Situation, wenn das strahlende Weiß überdeckt wird. Welche Schattierungen gibt es, die den Gedankenraum der Milden begrenzen? Mit wem oder was musst du dich auseinandersetzen? Hier grenze ich Konkurrenz deutlich von Gegnerschaft ab. Ersteres ist eine Begegnung auf Augenhöhe. In unserem Leben sind wir mit Vergleichen konfrontiert. Kinder rennen um die Wette und jedes von ihnen

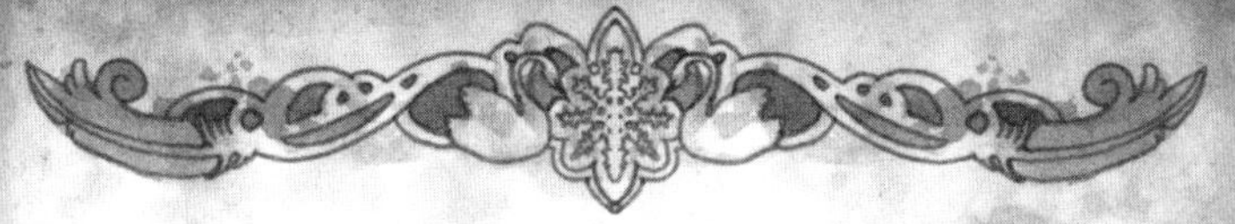

versucht, am schnellsten zu sein. Die Natur führt uns das Miteinander auch im gegenseitigen Messen vor Augen.

Dadurch begreifen wir unsere Unterschiede; ein Messen zeigt, wohin wir gehören. Dabei ist es wichtig, aus welchem Blickwinkel die Beteiligten den Wettstreit betrachten. Innerhalb der Regeln geht es nicht um Kampf, sondern um die Möglichkeit. Jene bringt uns voran und lehrt das Fokussieren.

Manche stellen Macht über alles andere. Im Kontakt mit ihnen schwindet schnell das Vertrauen. Einige haben gar Wege gewählt, die den Prinzipien der Zwölfe vollkommen entgegenstehen. Sie streben nach Zerstörung und verdienen den Namen „Feind".

Kor, Herr der Schlachten

Der Gott der Kampfeslust ist der Sohn Rondras und des Drachen Famerlor. Lesen wir Ifirnsjünger seine Beinamen „Der Unbarmherzige" und „Er, dem Morden eine Freude" ist, werden die verschiedenen Einstellungen offenbar. Ohne Frage lieben einige seiner Verfechter das Blut und das Duell. Trotzdem ist der Gnadenlose Teil des zwölfgöttlichen Pantheons. In einem Gespräch mit einem Geweihten aus dem Tempel Firunens habe ich erfahren, dass sich das Gnadenlose eher auf den Anspruch an die eigene Person bezieht. Man kann es daher als Widerstandskraft deuten, ähnlich wie es die Getreuen des Wintervaters sehen.

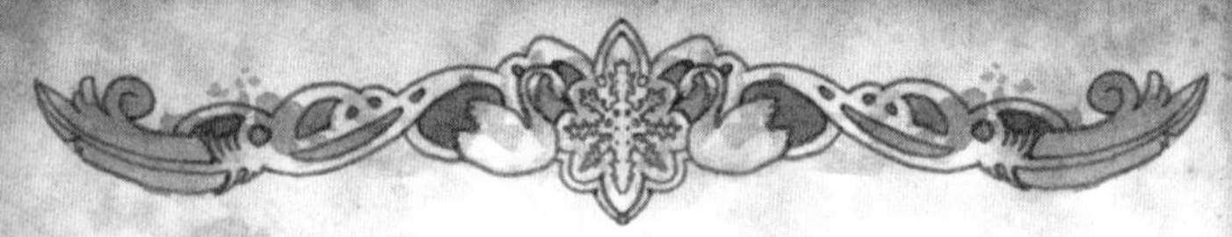

Trotz der Gegensätze zwischen der Sanften und dem Mitleidlosen bestehen sogar Schnittpunkte. Beide halten ihre Anhänger zur Verbesserung der körperlichen Leistung an, wenn auch aus jeweils anderen Gründen. Gegen ihre Feinde gehen sie und wir zielstrebig vor und entscheiden im Einzelfall über Gnade oder Härte.

Kors Geweihte legen großen Wert auf das Einhalten von Regeln, oftmals festgehalten in bindenden Verträgen. Der Herr der Schlachten ist ein Mosaik im Teil des Zwölfkreises, obschon mir einige Vorgehensweisen seiner Anhänger missfallen.

Ist dieser Halbgott bösartig? Einige Texte zeichnen das Bild eines zornigen Gottes, welcher der Schwanengleichen absichtlich Gewalt antut. Unter den Dienern Firuns soll es wenige geben, die die Geschichte der Kalten Braut auf diese Art erzählen. Nach meiner intensiven Recherche bezweifle ich jene Version. Der Zorn zählt zu Kors Eigenarten wie auch die Furchtlosigkeit. Das heißt aber nicht, dass er durch diesen Wesenszug völlig außer Kontrolle gerät. Bei Firun und Praios pickt niemand nur den strafenden Teil heraus. Daher ist für uns bei Kor das Geradlinige anzunehmen: Worttreue hat eine hohe Bedeutung beim Drachensohn, wie der Khunchomer Kodex jedem vor Augen führt.

Die Kalte Braut

»Während Ifirn bei Swafnir weilte, sprach Rondras Sohn Kor bei Firun vor. Er hatte die Jagdkünste der Schneetochter aus der Ferne bewundert und suchte eine Gefährtin. Mit seiner Furchtlosigkeit

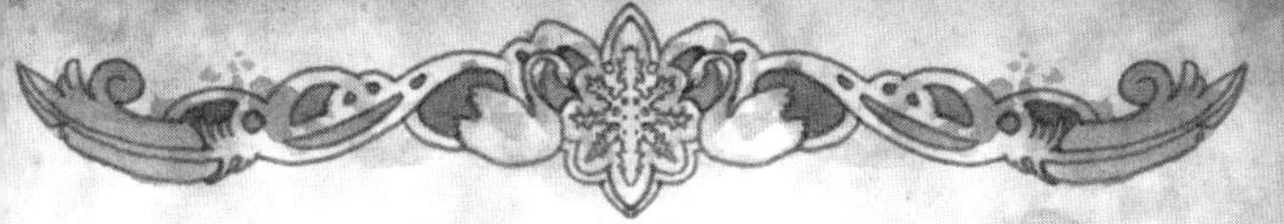

und Gefühlskälte drang er allein zum Wintervater durch. Frisch zurückgekehrt rief der Eisige nach ihr, denn ihm waren die Treffen mit den anderen Bewerbern nicht entgangen. Die Mittlerin wog ab, da sie die Erzählungen über das bluttriefende Wesen des Halbgottes nachdenklich stimmten. Um sich ein eigenes Bild zu machen, willigte sie dennoch ein. Der Gott des Kampfes führte seine Begleitung zu den Schlachtfeldern früherer Tage.

In ihrem Miteinander empfand die Hoffnungsspendende wenig Freude und bereitete den Abschied vor. Da wurde Kor aufbrausend und forderte sie zum Duell: Bei seiner Niederlage könne sie ihn verlassen. Einige Stunden dauerten die Kämpfe, sein Spieß ließ die Erde erzittern und ihre Pfeile hinterließen triefende Wunden.

Das gegenseitige Messen der Kräfte gefiel ihr nicht nur, sondern spornte die Himmlische gar an. So erschrak sie selbst über ihr eigenes Gefühl.

Im Dunkeln beendete die Milde ihre Auseinandersetzung und versorgte beiderlei Verwundungen. Bei der Berührung der Sanften überkamen Kor wohlige Schauer. Ifirn erkannte seine verletzliche Seite und es entstand eine Nacht der Zärtlichkeit zwischen ihnen. Am Morgen war Kor erzürnt über seine Zuneigung, in der er eine Schwäche sah, stieß die Göttin von sich und verließ sie. Doch die Firunstochter schenkte auch Kor ein Ei. Aus ihm ging die fünfte Schwänin hervor, die eigenständig skrupellose Wege wählte. Egoistisch nutzte sie ihre Schönheit und neidete die Macht der Mutter und Schwestern. Die Intrigante bot sich in ihrer Gier schließlich dem Gott ohne Namen an. Vieles ist längst vergessen, doch wispern manche in den dunklen Stunden der Sternenleere von der Kalten Braut.«

—Die Taten der Himmlischen, Original-Abschrift, Paavi, 742 BF

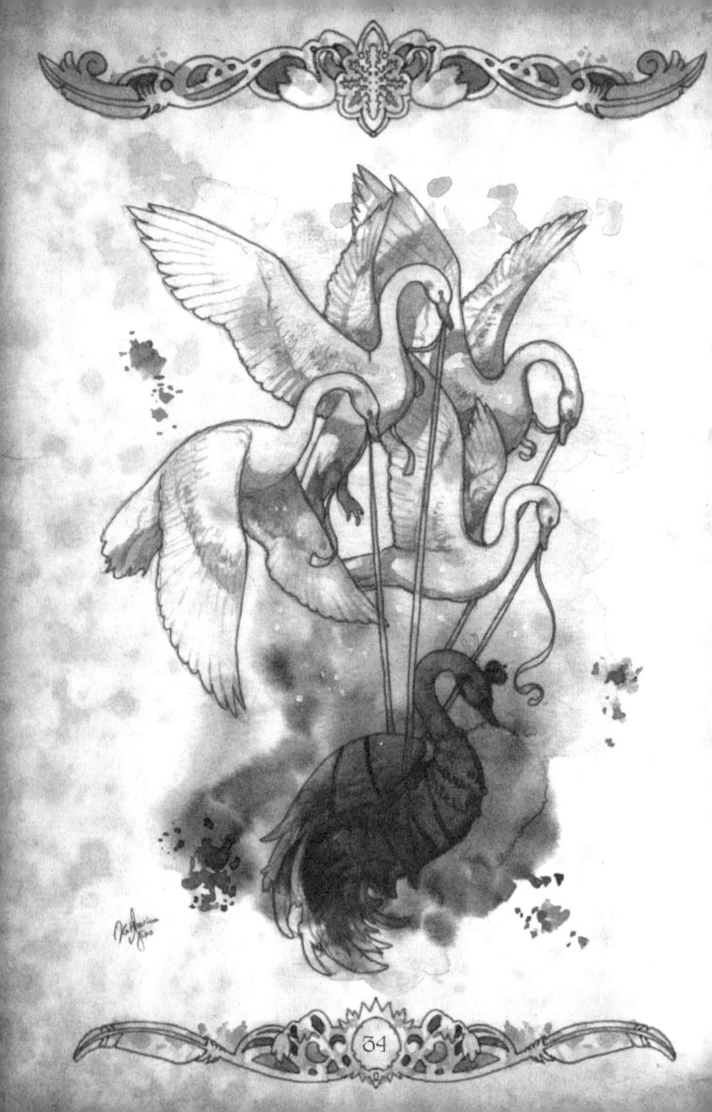

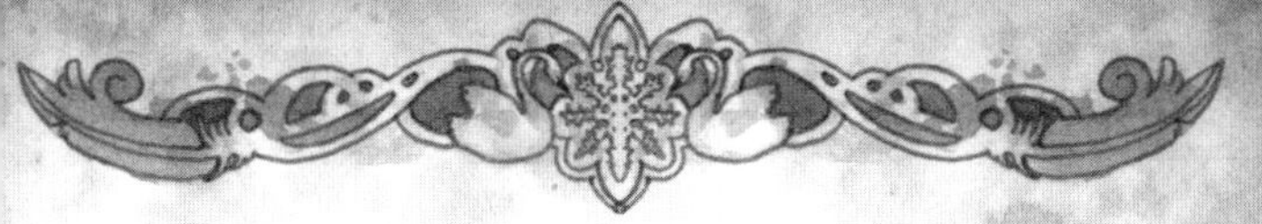

Im Antlitz der fünften Schwanentochter erkennen wir den Vater. Die Federn ihres Kleids sind schwarz wie das Äußere von Kors Mantikor oder Panther. Ridari ward sie vermutlich geheißen, doch dazu gibt es viele Spekulationen. Heute ist ihr Name aufgrund ihrer Taten nahezu vergessen und hat sich vollkommen gewandelt. Lässt eine dunkle Gestalt einen Rückschluss auf ihre Gesinnung zu? Einigen drängt sich aufgrund des schwarzen Federkleids ein Bild von Finsternis oder Perfidität auf. Das Rußfarbene weckt in uns sehr unterschiedliche Assoziationen. Es wirkt machtvoll, geheimnisvoll und elegant. Dies passt zu den Erzählungen, dass diese Tochter zu den Schönsten gehöre und ihre Ausstrahlung von ungemeiner Intensität sei. Auf Papier bietet das Schwarze Tiefe und Kontraste. Bei Nacht muss sich das Auge erst an es gewöhnen. Gelangt es dann ins Licht, sieht man vorerst nichts. Deshalb bringt es unsere Sinne durcheinander, freilich ohne Wertung.

Ridari verhielt sich zu Beginn anders als ihre Schwestern, jedoch nicht böse. Sie war selbstbewusster und bestimmender als die Weißgefiederten. Das Erbe ihres Vaters verlieh ihr Autorität und eine Aura von Stärke. Selbiger hat man ihre Widerstandskraft gegen die Kälte zugeschrieben. Doch immer wieder geriet sie mit ihren Geschwistern in Streit. Sie forderten eine weichere Seite von Ridari. Da ihre Mutter ebenso in diese Richtung lenkte, zweifelte die Schwänin an sich und wurde trübsinnig. Sie fühlte sich in der Gemeinschaft der Milden nicht willkommen und breitete die Flügel aus, um ihren Vater aufzusuchen. In der Gegenwart Kors hoffte sie, einen erfüllenden Platz zu finden, doch ihre Erwartungen wurden enttäuscht, denn bei

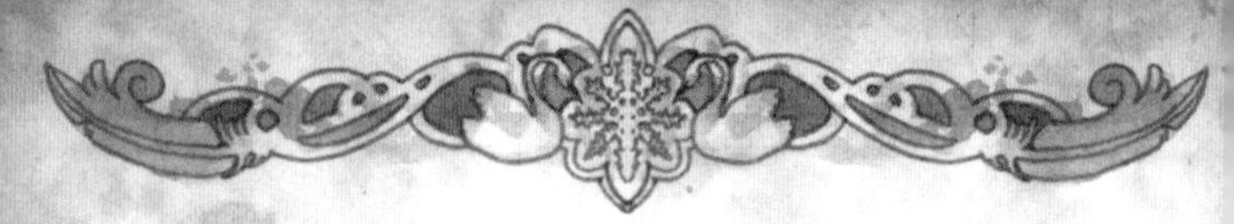

den Schlachten des Halbgotts spürte sie eine beträchtliche Härte und Zerstörung. Hier wurde sie genauso wenig glücklich. Innerlich zerrissen, fehlte ihr eine Heimat.
Der Namenlose vernahm dies und sah seine Chance. Seine Stimme suchte ihre Nähe und säuselte Gelöbnisse von Liebe. Er stillte ihr Bedürfnis nach Wertschätzung, förderte zugleich jedoch ihre Egozentrik und missgünstige Sichtweisen. Dieses manipulierende Streben fiel auf fruchtbaren Boden. Aus sanfter Hilfe strickte er geschickt den Zwang, aus Milde wurden Rachegedanken. Sein Herrschaftsdrang löschte die ifirngefällige Zielstrebigkeit aus. So entfremdete der Dreizehnte Ridari von allen Prinzipien der Schwanengleichen. Die Fünfte willigte gar ein, seine Braut zu werden, denn der Neid keimte ebenso in ihrem Herzen. Verstohlen versprach der Gott ohne Namen seiner Zukünftigen dunkle Geheimnisse und die Herrschaft über eine eigene Familie.

Die Silberschwäne erkannten die entstehende Gefahr und griffen im letzten Moment ein, um ihre abtrünnige Schwester aufzuhalten. In den Nebelzinnen ist sie seitdem gefesselt und erleidet forthin ein ähnliches Schicksal wie ihr gewählter Gemahl. Das ist der Grund, warum man sie nur noch unter dem Namen „Kalte Braut" kennt. Das frühere gute Wesen ist vollkommen dem purpurnen Eis gewichen. In ihren Ketten sinnt sie auf Vergeltung und verspricht möglichen Rettern Unterstützung in allerlei Belangen. Manch Lebensmüder sucht in den nördlichen Gebirgen nach den Spuren der Schwarzen Schwanentochter. Bis vor kurzem war es still um sie, doch

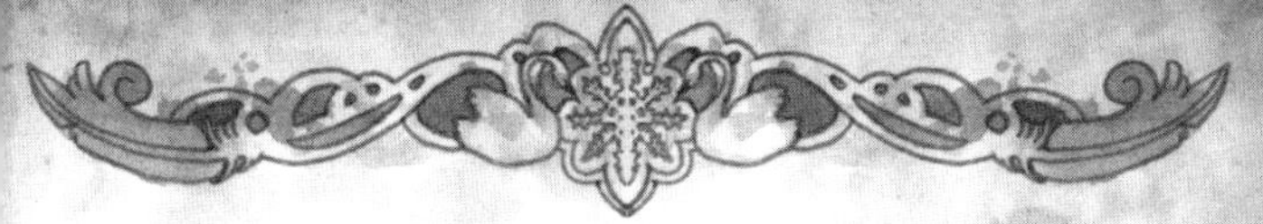

jüngst haben sich in Tobrien ihre Kräfte aufgebäumt, was uns ein warnendes Zeichen sein muss. Die Kalte Braut rüttelt an ihren Ketten und will den Sternenfall für ihre Zwecke nutzen. Es ist unsere Aufgabe, die Pläne der Verführten zu vereiteln.

Todbringende Hetzer

Widersacher der Zwölfe wissen das Eis für grausame Zwecke zu nutzen und verhöhnen die göttergefällige Jagd. Firuns Gegenspieler ist der Eisige Jäger, der uns im Norden gleich dem Fluss Nagrach begegnet, und auch unsere Aufgabe ist es, ihm die Stirn zu bieten, wenn wir seinem Einfluss begegnen. Weder Gnade noch Mitleid versteht der Jäger der Verdammnis. Wer sich zu ihm bekennt, sucht die verdorbene Herrschaft über Beute und den schwarzen Frost. Gefürchtet ist die maßlose Hatz seiner dämonischen Diener, mit der sie ihre Opfer in den Tod treiben.

Zu den Widernatürlichen gehört Kyrjaka, die finstere Mondenjägerin. Die Tochter des Kalten Eises verfolgt eigene Pläne und nimmt die Gestalt einer triumphalen Silberwölfin an. Ihr Gefolge erschafft sie selbst mittels Lykanthropie. Diese Krankheit verwandelt ihre meist menschlichen Opfer qualvoll in blutrünstige Werwölfe, vornehmlich zu Vollmond. Die Nivesen kennen das grauenvolle Heulen, mit dem die Bestien ihr niederhöllisches Treiben ankündigen.

Beunruhigendes kündigt sich aus dem Hohen Norden an, denn eine uralte, längst vergessene Kreatur rührt sich dort: der Eisige Bringer der Seelenkälte. Herr des Schwarzen Eises

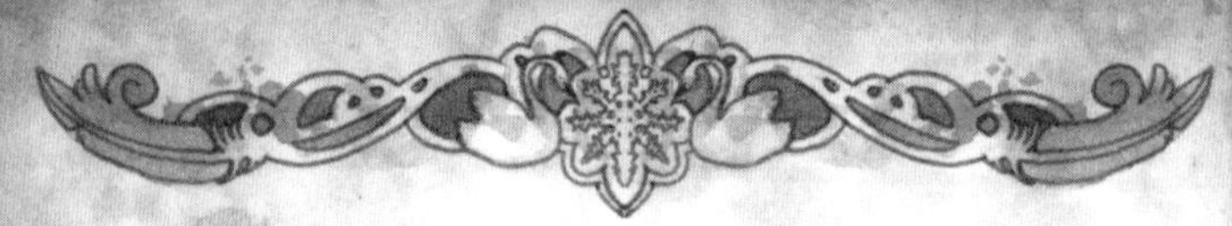

nennt man ihn ebenso. Auf seine Dunkelheit folgt endlose Zerstörung. Das grässliche Antlitz des Eiswurms raubte schon manch tapferem Streiter jede Hoffnung.
Ein Diener der Kalten Braut ist der Schwan des Schreckens. Der Gott ohne Namen machte den Dämon seiner Liebsten zum Geschenk. In Tobrien hat er vor kurzem Angst und Wahnsinn gebracht. Zu seiner Lieblingsbeute zählen Weidetiere, an denen der Schwarze Schwan seinen Hass auslässt. Sein Äußeres ähnelt einem riesigen Wasservogel mit violetten und dunklen Federn.

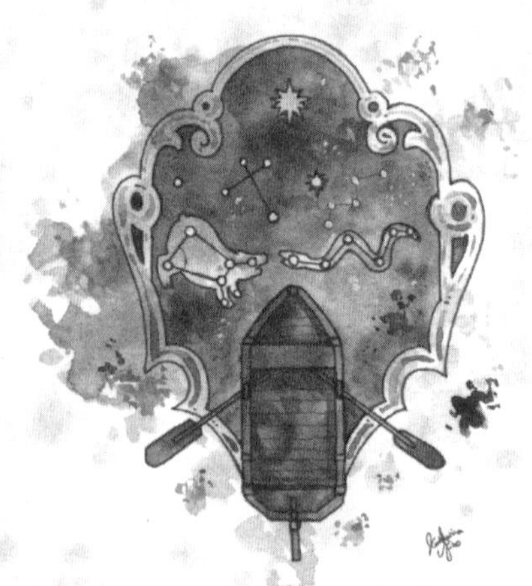

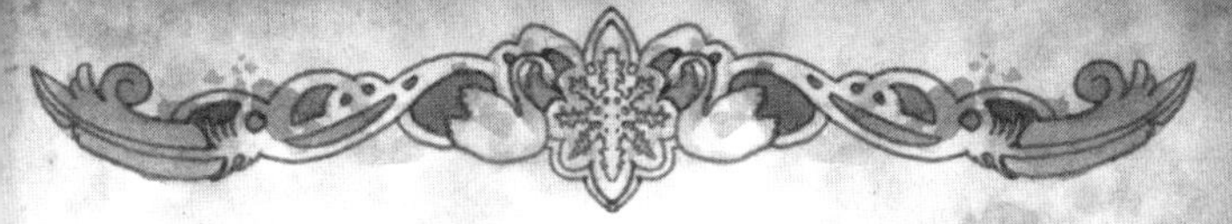

III

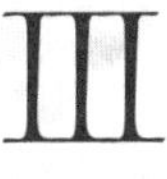

Zwischen wohliger Wärme und beißender Kälte

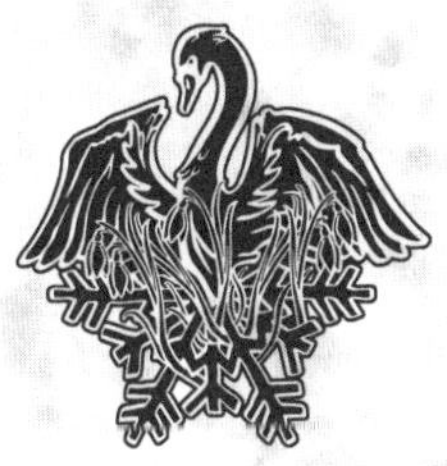

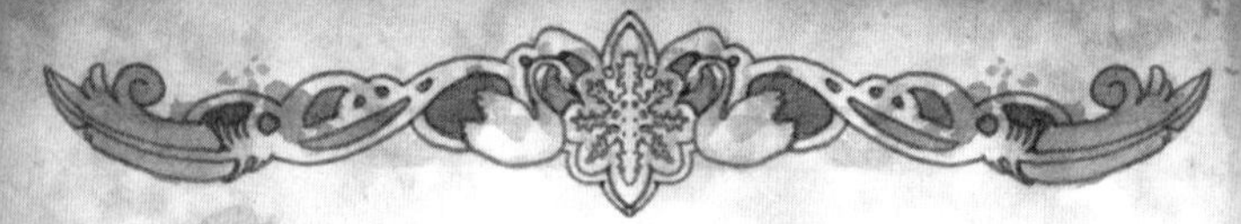

Bekannte Diener

In den letzten Jahren haben sich die Kräfte im Eis verändert. Der dämonische Frost ging zurück, die kalte Zauberin ist besiegt. Doch ihre Hinterlassenschaften blieben und gegen sie treffen wir Vorkehrungen. Da einige von uns zu diesem Zweck lange in den nördlichen Gefilden umherziehen, verlieren sie die Aktivitäten der Kirche mitunter aus den Augen.

Mit der Ifirnsmaid Walbirg von Löwenhaupt lenkt eine geborene Anführerin die Geschicke der Schwanengemeinschaft und eint die Gläubigen. Wir unterstützen sie mit vollem Herzen, denn auch wenn wir weit im Norden verstreut sind, so ist es doch die Gemeinschaft, die uns stärkt. Wahrlich werden noch einige Winter vergehen, bis unser Gewächs saftige Früchte trägt und uns nährt. Dieses Büchlein soll dazu seinen Beitrag leisten. Streiter zum Schutz vor der Finsternis sind unter uns, ebenso Verfechter gegen dunkle Hinterlassenschaften und Hoffnungsbringer zwischen den Kulturen. Suchst du Rat zu einem Talisman, können sie dir helfen.

Die bittere Kälte schläft indes nicht und strebt nach alter Stärke. Übe daher deine innere Kraft und hüte dich vor den Gefahren, die in den Tiefen des Eisreichs warten.

Iloïnen Schwanentochter

»Die Nivesin Neiti schenkte dem Himmelswolf einen Sohn und er ward Penttuu genannt. Schon in jungen Jahren hatte er sich eine Hütte am Wolfssee gebaut, nördlich der orkischen Lande, so erzählt man sich. Dort lebte er zurückgezogen als geschickter Jäger, ganz nach dem Erbe seines Vaters. Jenen Weiher suchte die

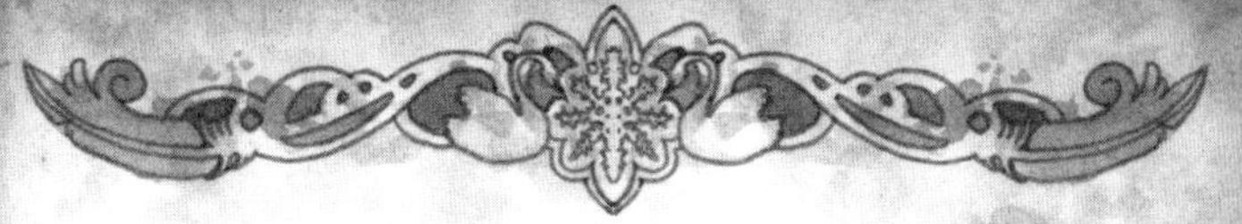

Schwanengleiche mit ihrem Gefolge auf. Zum Baden entledigte sie sich ihres Gewands und schwamm im See. Der Abkömmling des unsterblichen Jägers sah dies und hatte nie eine schönere Frau erblickt. Daher wagte er es, einige Federn ihres Kleids als Erinnerung an sich zu nehmen. Die Sanfte entdeckte ihn und folgte ihm zu seinem Heim. Der junge Mann erschrak und freute sich zugleich. Gegen die Rückgabe ihrer Daunen versprach die Göttliche dem Schüchternen, eine Nacht zu verweilen und so geschah es. Am Morgen schwang sich die Göttin direkt in die Lüfte und hinterließ dem Waidmann auf der Jagd ein Ei. Aus jenem schlüpfte ihre gemeinsame Tochter Iloïnen, Blut der Wintergöttin und eines himmlischen Wolfs.«
—Sagen des Nordens, erzählt am Lagerfeuer der Lieska-Leddu, 1029 BF

Es gibt unzählbare Geschichten über Iloïnen und ihre Herkunft. Man sagt, die jung erscheinende Frau mit den weißen und kupferroten Strähnen sei uralt. Markant sind ihre unterschiedlichen Augenfarben, eisblau und bernsteingelb. Seit vielen Götterläufen führt die nominelle Vorsteherin des Wintertempels in Festum den Kampf gegen das Eisreich.
Die Dämonenbündlerin ist zwar besiegt, doch ihr Werk wütet weiter. Unnatürliche Bestien und das Blut Sumus sind weiterhin im Norden existent. Das Reich des finsteren Frosts ist nicht endgültig bezwungen.
Iloïnen liegt in Feindschaft mit der siebtsphärischen Silberwölfin, welche immer wieder unsere Gefilde heimsucht. Dieser Tage geht die frühere Matriarchin außerdem gegen die

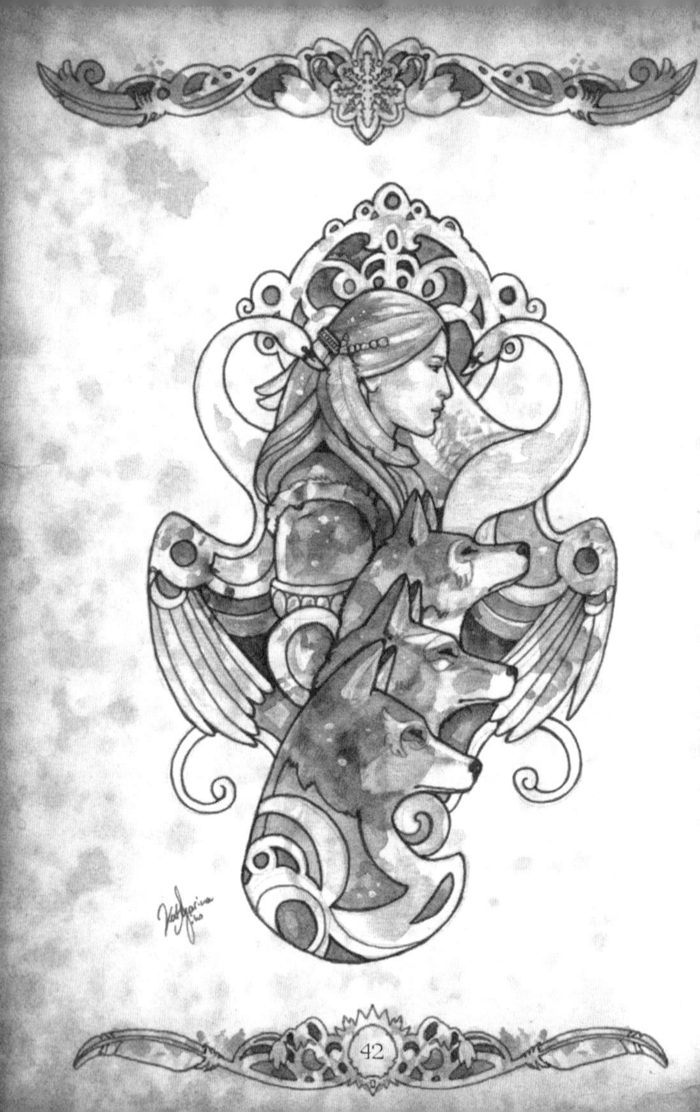

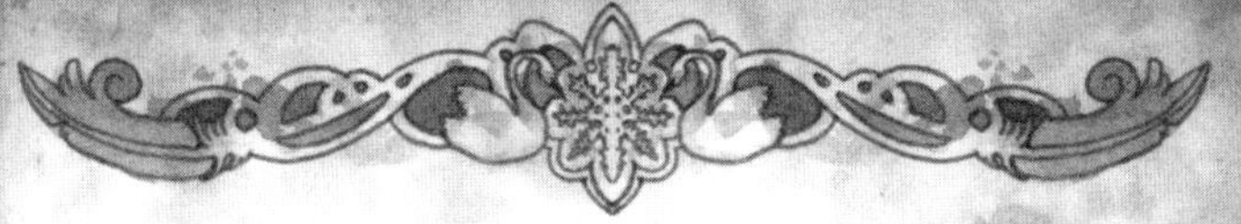

Aktivitäten der Nachtalben vor, von denen einige die zerstörerische Macht des Güldenen verbreiten. Suchst du Antworten auf alte und vergessene Geheimnisse, kann sie deine Mentorin sein. Manche Diener auf Yidaris Fährten ziehen in die Einsamkeit, um von ihr zu lernen und ihr gegen das schwarze Eis zur Seite zu stehen. Ebenso kennt sie wie kaum eine andere die Weltanschauungen und Sippen der Nivesen.
Meistens eilt sie dir zu Hilfe oder findet dich, selten umgekehrt. Ein Anhänger der weißen Maid berichtete kürzlich, dass ihr Äußeres etwas gealtert sei. Munter und geduldig zeigt sich ihr Wesen im Umgang mit Tier und Mensch. In gefahrvollen Situationen kommt die Seite der geübten Jägerin zum Vorschein, zielstrebig und effektiv.

Das Ifirnsrudel

Ihren Kampf bestreitet Iloïnen nicht allein. Von ihren Gefährten flüstert man Sonderbares: Geschöpfe, die halb Mensch, halb Wolf sind, Raubtiere und Zauberer. Wem halten sie die Treue? Den Zwölfen, den Himmelswölfen oder anderen? Es lässt sich nur erahnen. Das laute Heulen des Rudels ist gewiss gewöhnungsbedürftig, doch schlägt jedes Herz darin für das Gute. Wichtig sind den Mitgliedern die Natur und das Leben, doch sie haben Abgründe erblickt, wie sonst kaum jemand: hetzende Chimären, Dämonenrösser und Golems aus Frost und Mammuton. Haben sie einmal eine Fährte aufgenommen, verfolgen sie diese mit einem unbändigen Willen und unerschütterlicher Zielstrebigkeit.

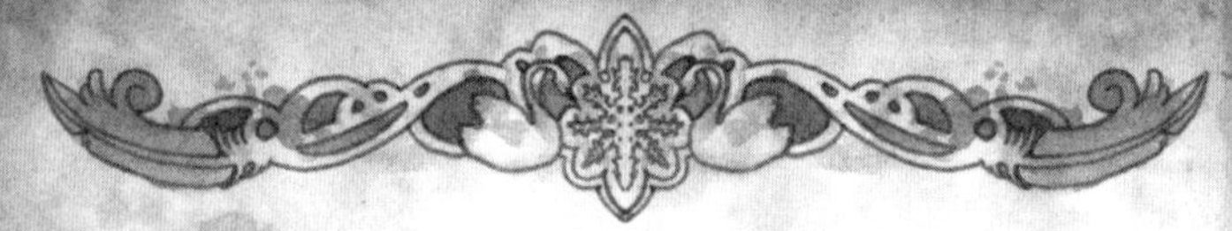

Ein großer Rauwolf leitet die Gruppe, Luogror Kupferschweif. Narben zahlloser Auseinandersetzungen haben seinen Körper gezeichnet und sein weißgelb bis kupfergoldenes Fell gab ihm seinen Namen. An seiner Seite steht Kynnttä, eine Wolfsnivesin mit roten Haaren und braunen Augen, die schamanische Kräfte besitzen soll. Die gemeinsamen Töchter Margrim und die jüngere Aryagra sind ebenfalls Rauwölfe, erkennbar an ihrem weißen bis sandfarbenen Fell und bernsteinfarbenen Augen. Die menschliche Gestalt nimmt meist nur Aryagra an.

Raugrir, ein gewöhnlicher Rauwolf im Rudel, trägt eine auffällige und lange Narbe, und von auffälliger Gestalt ist auch die silberne Kerra, welche im Auftrag ihrer Königin Larka Ausschau nach der verhassten Dämonenwölfin hält.

Der Firnelf Ilfandaël Eisherz verstärkt das Rudel, seitdem Schergen Gloranas seinen Clan angegriffen haben. Neben ihm gehört Yasil zur Gruppe, eine stille Frau mit einer Eule. Man sagt ihr Zauberkräfte nach.

Ifirniane Raskirsdottir

Die Rolle der Hochgeweihten des wichtigen Tempels in Olport hat Ifirniane Raskirsdottir inne. Nur selten ist die über zwei Schritt große Thorwalerin vor Ort anzutreffen und nur wenigen von uns ist es vergönnt, sie persönlich kennenzulernen. Sie verfolgt Frevler, die auf der Jagd oder auf anderem Wege den Tieren des Waldes schaden. Nidaris Gesetze hält sie in hohen Ehren und weiß sich dadurch vieler Unterstützer sicher. Gar

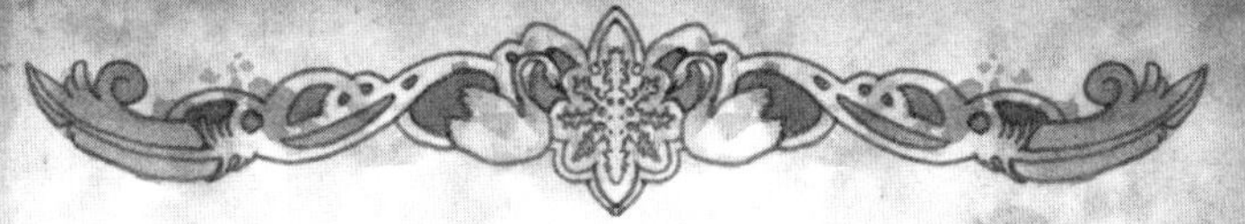

ein Baumschrat soll zu jenen gehören, welche über die Wildnis des Nordens wachen.

Andere Diener der Schwanengleichen suchen meist wegen konkreter Fragen nach der Tempelvorsteherin, wie der Anwendung des Heiligen Eiskristalls sowie der Auslegung der Gebote Ifirns. An manchen Tagen tritt die Schwanengefährtin mit Härte auf, vor allem bei rigorosen Vergehen und Verbrechen. Wer Ifirnianes Zorn weckt, muss gar mit Angriffen in den Rücken rechnen. Doch da unsere Göttin eine Freundin der Menschen ist, besitzt auch ihre hochgeweihte Dienerin ein großes Herz. Jenen, die für das Gute kämpfen, steht sie in der Gefahr als herbeieilende Retterin in größter Not zur Seite.

Ivrain ní Catholainn

Eine vermittelnde Aufgabe hat unsere Schwester aus dem Weidener Beonfirn übernommen. Einst war sie Mentorin von Walbirg von Löwenhaupt und ist noch immer in Freundschaft mit ihr verbunden. Heute ist sie als Prolegatin der Firunkirche Mitglied im Zwölfgöttlichen Konzil zu Perainefurten. Nicht wenige unterschätzen die Frau mit den großen Augen und dem freundlichen Lächeln und halten sie für naiv, doch sie versteht sich sowohl auf diplomatische Theorie als auch auf die Praxis. Das Konzil setzt sie bevorzugt für anspruchsvolle Aufgaben ein, und sie ist eine kluge Mittlerin zwischen der Geweihtenschaft und dem Volk.

Sie hat ein waches Auge auf die Anhänger des Weißen Jägers, für den Fall, dass jemand mit politischen Ambitionen ihr Amt

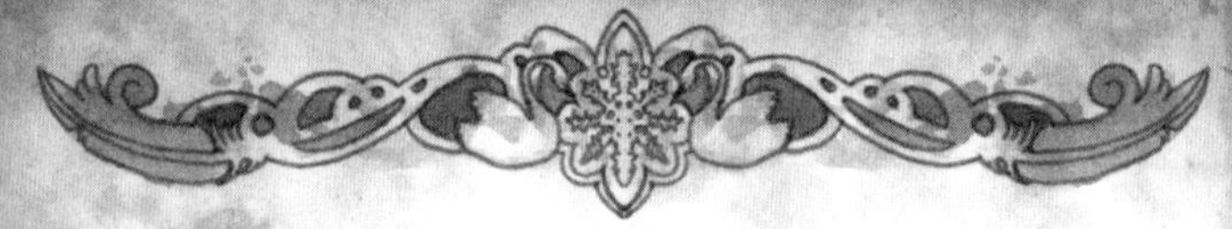

infrage stellt. Unangenehme Entscheidungen überdenkt sie ausgiebig, scheut sie aber nicht.
Seit der Tempelweihe in Firunsbrunn konzentriert sie sich auf ihre Aufgaben im Konzil und hat sich aus dem täglichen Leben im Tempel etwas zurückgezogen.

Nidaria Schwanenflug

»Eis ist beständig, es vergeht nicht leicht. Begreifen wir das Schmelzen als Vorgang des Öffnens, erklärt sich selbst die Rose von Jarlak. Das wahrhafte Abbild der Wintergöttin zeigt sich in ihrer unzerbrechlichen Zierlichkeit.«
—Sinnspruch der Hochgeweihten, Ifirntempel zu Norburg, 1029 BF

Die persönliche Vergangenheit Nidarias gleicht einem dunklen Märchen. Eine Zeit lang musste sie unter der Knechtschaft des bitterkalten Zauberweibs Glorana leben. Nach der Befreiung war sie es, die einer Eingebung der Schwanengleichen ins Bornland folgte. Dort fügten sich die Mosaikteilchen ihres Lebens zu einem Bild zusammen, denn die Winterrose von Jarlak war das entscheidende Stück, ein Zeichen im Kampf gegen das schwarze Eis. Den Tempel zu Norburg weihte sie mit dem Artefakt der Göttin und war eine treibende Kraft im Kampf wider den dämonischen Frost. Sie heilte die zerstörte Kuppel des Firuntempels in Bjaldorn. Unsere Schwester hat Außerordentliches für den Glauben an die Gütige geleistet und berät Walbirg von Löwenhaupt in Fragen, welche die Zukunft der Kirche betreffen.

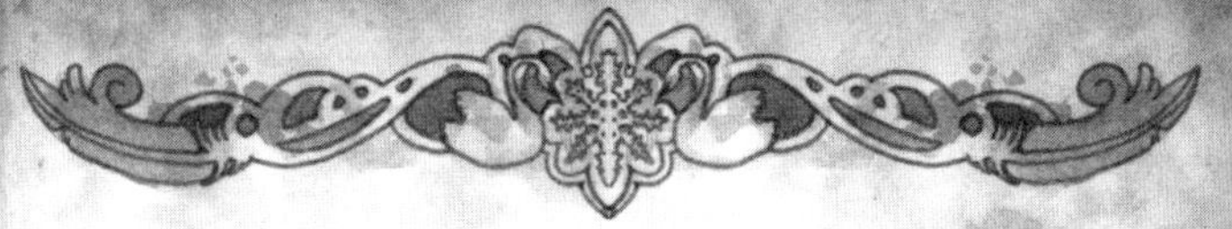

Weiterhin sucht die Hochgeweihte nach Antworten, und häufig sieht man sie fast meditativ vor Eisstatuen sitzen, um den Willen der Himmlischen zu ergründen. Weshalb hat die Göttin eine lebende Form für die Rose gewählt, sie aber gänzlich in Eis gekleidet?
Viele entschließen sich nach der Weihe für den Weg des Jägers oder des Hüters. Nidaria ist dagegen in meinen Augen eine der raren Prophetinnen der Eiskristalle. Du fragst dich, was das bedeutet? Sie steht dem Schicksal näher als andere, vermag die leise klingenden Botschaften und Warnungen der Hoffnungsspendenden zu hören. Dies ist ein Geschenk an alle, insbesondere für unsere Anführerin Walbirg. Hin und wieder beauftragt Nidaria Nachforschungen zu ihren Visionen und sendet Expeditionen zur Suche nach einer vermissten Person, einem vergessenen Ort oder Gegenstand aus.

Walbirg von Löwenhaupt

»So wie die Strahlen ihrer Sonne den Schnee schmelzen, können wir das dunkle Eis im Norden vertreiben. Denn die Liebe besiegt die Kälte.«
—Matriarchin der Ifirn in einer Predigt im Tempel zu Bjaldorn, 1041 BF

Schon das Datum ihrer Geburt deutete auf die Zukunft der Prinzessin von Weiden hin: die Nacht vom 30. Firun auf den 1. Tsa. Darauf folgten Prophezeiungen über eine Schlüsselaufgabe im Kampf gegen die Mächte des Nordens. Die

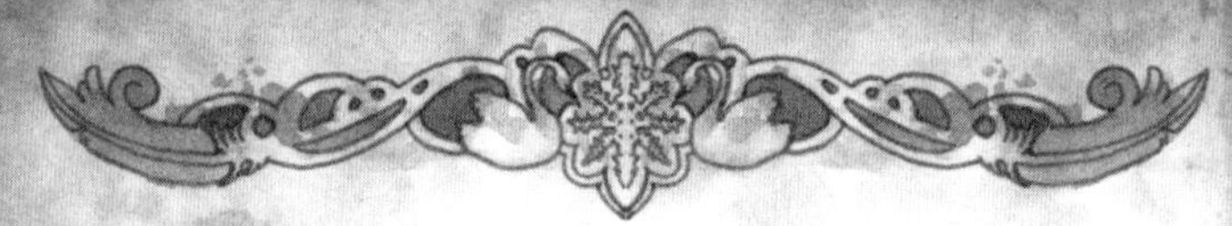

Bestimmung der Ifirnsmaid war nicht zu übersehen, und so beschritt das Mädchen recht früh den Pfad der Wintergöttin. Walbirg zog 1031 BF nach einer Vision aus der Heimat fort, um ihrem Schicksal zu folgen. Abseits der Zivilisation erhielt sie Unterricht vom Nivesenschamanen Kailäkinnen, der ihr natürliches Gespür für die Tier- und Pflanzenwelt weiter formte und verfeinerte. Einiges hat sich seitdem verändert, und nur wenige erahnen, welche Last unsere Matriarchin trägt.

Aus dem sanften Mädchen ist eine Frau geworden. Die erwachsene Schwanenmutter lenkt mit Zuversicht und Strategie den Fokus auf das Erleuchten des Nordens. Sie blickt mit Sorge auf die Aktivitäten der Nachtalben, von denen neue Gefahr droht. Sie arbeitet täglich daran, uns als Anhänger der Milden zu einen und Verbindungen untereinander zu schaffen, wie man es sonst von einer Kauffrau kennt. Dieser Zusammenhalt soll dem Wohle und Schutz der Menschen dienen. Immer wieder ziehen Kämpfer und Geweihte im Namen Ifirns in das Eis, um uns vor der dort lauernden Finsternis zu schützen. Ich hoffe, die Zeit der Wärme wird bald die der Zielstrebigkeit ablösen können. So viele brauchen ein schützendes Nest. Wie wir zu oft erlebt haben und immer noch erleben, sind dunkle Flüche weiterhin nah und die Heilung dringend nötig. Gerade die Matriarchin weiß um die Fürsorge und Gefahr der früheren Dämonenkrallen. Hier sucht sie im Namen Ifirns immer wieder Hilfe von außen, um neue Erkenntnisse zu erlangen.

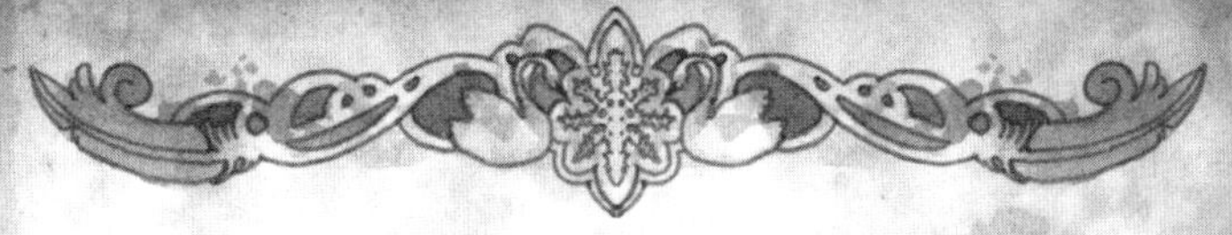

Auf Schwanenpfaden

Um die Göttin zu ehren, muss man kein Geweihter sein. Was kann ein jeder tun? Mit gegenseitiger Zuneigung ist ein großer Schritt getan, denn wir alle laufen im gleichen Rudel. Das Erfahren freundlicher Worte oder zustimmender Reaktionen ist wichtig, damit man mit sich im Reinen sein kann. Nur wer sich selbst akzeptiert, kann andere glücklich machen.

Zugehörigkeit ist ein Bedürfnis, das wir zu stillen vermögen. Jeder hat seinen Platz in der Gemeinschaft. Das eigene Ich will nicht bloß einen sicheren Hort haben, sondern auch gebraucht werden und etwas beitragen. Wer der Schwanengleichen gefallen will, sollte aufsehen zu den Sternen. Wie diese sollten wir immer ein Vorbild sein, denn die Gestirne helfen dem Verirrten, seinen Weg wiederzufinden, und jede, die zu ihnen aufblickt, wird von ihrer Schönheit verzaubert. Mut und Ideale strahlen aus ihnen, welche wir uns selbst wünschen. Nachfolgend beschreibe ich das Werk dreier Personen, die ihr Leben der Sanften in Form eindrucksvoller Aufgaben widmen.

Wider den Theriakschmuggel

»Mit dem Blut Sumus verkaufst du deine Seele für den Körper.«
—Letta Eisläufer zu einem Käufer, Lettjaskaja, 1040 BF

Hast du vom Theriak gehört? Es besitzt mächtige Kräfte, lässt Krankheiten vergehen und sogar Verstümmelungen entschwinden. Was ist der Preis dafür? Die Frage stellt sich auf verschiedene Arten. Die Substanz wird der Natur entrissen,

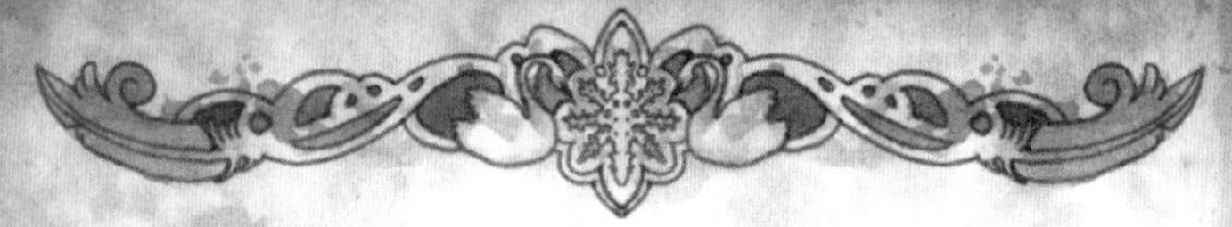

darum trägt sie den Namen Sumus Blut. Um es zu fördern, werden dämonische Eisnadeln tief in den Leib Sumus getrieben. Skrupellose und Geldgierige handeln damit und verkaufen falsche Hoffnungen. Letta Eisläufer ist eine einflussreiche Händlerin aus Lettjaskaja und kämpft gegen den Handel mit Theriak. Sie klärt die enttäuschten Menschen auf, woher die Substanz stammt und welche Folgen die Einnahme bringt: körperliche Besserung, verbunden mit der Gefahr von dämonischen Einflüsterungen oder dem Tod bei Überdosierung.

Doch Lettas Kampf hört damit nicht auf. Sie koordiniert Scheinkäufer, welche die verderbten Händler in die Falle locken. Das Ergreifen einiger Banden geht allein auf ihr Handeln zurück. Dabei stellt sich Letta bewusst selbst in den Vordergrund, um ihre verdeckten Helfer zu schützen. Dieser Umstand führte bereits zu Anschlägen auf ihre Person, glücklicherweise ohne jeden Erfolg. Suchst oder bietest du Beistand wider das Theriak, bist du bei der göttergläubigen Kauffrau an der richtigen Adresse.

Kampf gegen die Eisherzen

»Im Laternenschein wand sich die Geweihte auf dem Boden. Ihre Handgelenke bluteten von den scheuernden Seilen. Die Knie versuchten mit verzweifelter Kraft, die Fesseln zu lockern. Tränen rannen ihr über die Wangen. Sie zeterte und spuckte mir ins Gesicht, als ich ihr den Knebel anlegte. Die letzten Flüche von ihren Lippen prallten äußerlich an mir ab wie an einem Gletscher. Unerträgliche

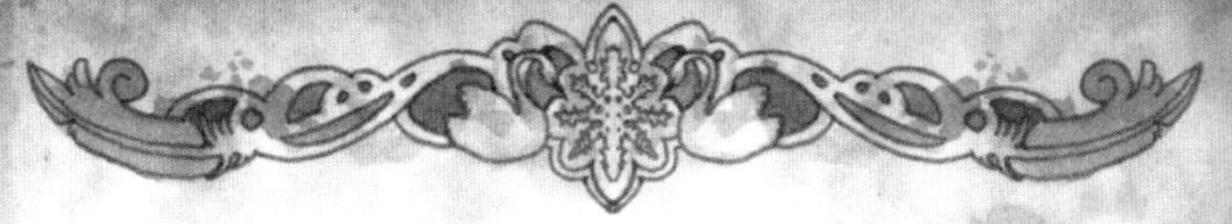

Schmerzen erwarteten sie – durch mich. Spitze Eiszapfen lagen bereit, mein Herzschlag beschleunigte sich.
›Los, tu es‹, sagte ich laut zu mir. ›Sie ist doch eine Freundin.‹
Die Finger meiner rechten Hand zitterten, ergriffen dennoch das gefrorene Element. Ich biss die Zähne zusammen und drückte der langjährigen Weggefährtin das zuvor Gesegnete auf die Stirn. Ein Stöhnen verriet ihre Qualen. ›Es muss gelingen. Ifirn hilf, Farlines Eisherz zu schmelzen.‹ Die kraftraubende Zeremonie hatte soeben begonnen.«
—Notizbuch des Rajan von Kreiben zu Farline Teichenberger, Steinhav, 1038 BF

Das Eisherz nennt man eine Krankheit der Seele. Ein längerer Aufenthalt im hohen Norden oder ein dämonischer Eissturm birgt diese Fährnis, vom Eisigen Hauch gestreift zu werden. Wer Opfer dieses Fluchs wird, wurde vom Eisigen Jäger markiert.
Der Betroffene ist vor Kälte geschützt, dafür muss er ohne Einwilligung mit einem Teil des Seelenheils bezahlen. Träume und Einbildungen sind nur ein Bruchstück des Handels, Gefühlskälte und Egoismus sind ebenfalls bekannte Konsequenzen. Unser Bruder Rajan von Kreiben gilt als einer der erfahrensten Heiler auf dem Gebiet der Eisherzen. Er sucht vor allem jene, die aus Verfolgungswahn gen Süden ziehen und dort unerkannt die Prinzipien des Erzdämons verkörpern. Seltene Pflanzenmischungen sollen das Leiden zumindest dämpfen können. Wirksame Heilmittel sind rar, sodass er für Unterstützung oder neue Erkenntnisse immer dankbar ist.

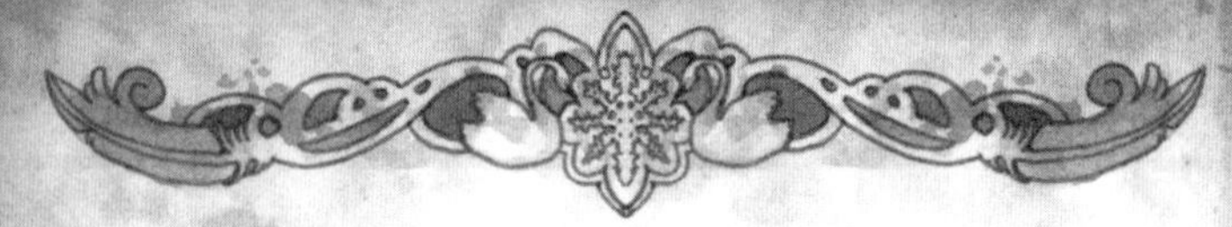

Lernen von Elfen und Nachtalben

»Der eigene Wille bedeutet, Verantwortung zu übernehmen.«
—Khydaka Eisblüte zu Riana Mandelaug, Hoher Norden, 1043 BF

Eiselfen sind immer abweisend, Nachtalben die Gesandten des Bösen? Das widerlegt unsere Akoluthin Riana Mandelaug. Die halbelfische Forscherin lebte einige Zeit unter den Firnelfen im Eis und kam ihnen näher. Von ihr haben wir Verschiedenes über die Sagen der Alten im Daunenkleid erfahren. Zudem erfuhr sie, warum die Firnelfen die Götter so sehr ablehnen. Der Hass ist begründet in Enttäuschungen und dem Gefühl, verraten worden zu sein. Bei den Nachtalben gleicht keiner dem anderen, sicher wissen wir aber von Anhängern der finsteren Pardona und des Namenlosen in ihren Reihen, jedoch verfügen sie weiterhin über ein Gewissen und müssen die Verantwortung für ihre eigenen Handlungen und Entscheidungen tragen. Derzeit sucht Riana in Ifirns Namen die vermittelnde Nähe von Abtrünnigen, wie beispielsweise Khydaka Eisblüte, einer ehemaligen Archivarin eines uralten Tempels der Shakagra.
Bemerkenswert sind die Unvoreingenommenheit und die Hoffnung der Halbelfe, denn aus dem Vertrauen erwächst Neues. Möge der Kontakt das Wachsen begünstigen und Brücken schlagen. Du wirst kaum eine andere Gelehrte aus unseren Gefilden finden, welche dir mehr zu Elfen im Schnee und Nachtalben sagen kann.

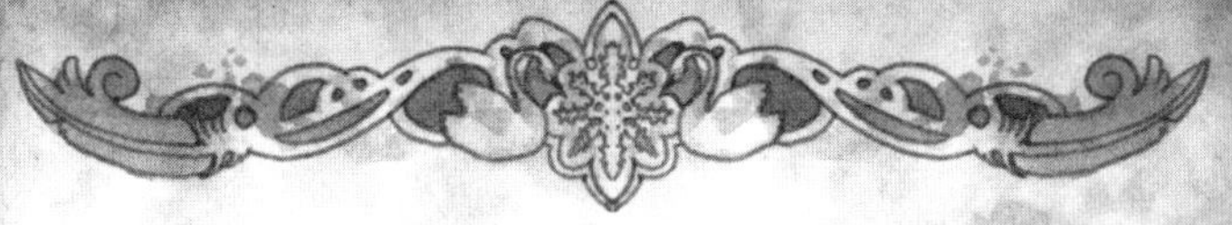

Bitterkalte Erscheinungen

Tod, Vernichtung und bösartige Gestalten lauern im einsamen Eis. Für uns Ifirnsjünger ist es vor allem wichtig, solche Bedrohungen frühzeitig zu erkennen. Schnelle und gleichermaßen versierte Entscheidungen sind erforderlich, um eine Reisegruppe vor Schaden zu bewahren. Man verlässt sich auf dich, sei bereit.

Eisfeen

»Mitten im fegenden Eiswind sah ich sie, mit alabasterner Haut, Rehaugen und apfelroten Wangen. Wer ihr vertraut, wird sterben.«
—Iloïnen Schwanentochter, Ewiges Eis, 1033 BF

Dieser Name führt schnell in die Irre, denn es handelt sich nicht um freundliche, kleine Exemplare, wie wir sie aus Albernia und dem bornischen Überwals kennen. Genau lässt sich die Existenz der Eisfeen nicht einordnen, aber man kann sie mit anderen Wesenheiten vergleichen. Hast du schon von einem Nachtmahr oder einem Nachtalpen gehört? Solche Wesen gieren nach dem Leben, und ähnlich verhält es sich mit den Eisfeen, die auch frostige Attentäterinnen genannt werden. Sie gaukeln jedem eine liebliche, anziehende Gestalt vor, die dir ihren Mantel und wohlige Berührung anbietet. In einsamen Gegenden träumen viele von einer solchen Begegnung, doch hüte dich vor der Lockenden. Verführerisch lockt ihr Kuss, doch in Wahrheit entzieht sie dir mit der angeblichen Liebkosung

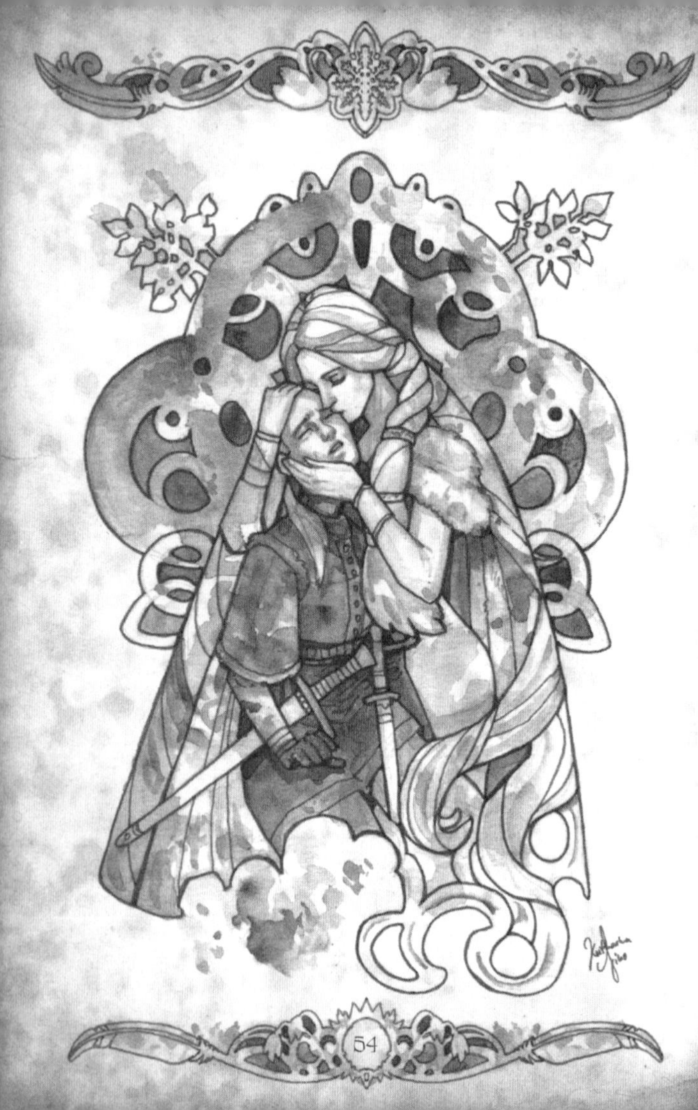

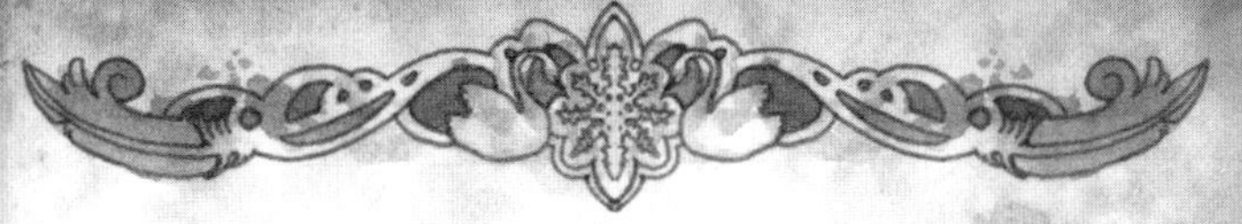

einen gehörigen Anteil deiner Lebenskraft, womöglich gar das Sein selbst, denn bist du bereits durch die Kälte geschwächt, kann dies deinen Tod bedeuten. Dein Körper würde zu einer Eisstatue und dein Geist müsste zukünftig der ewighungrigen Eisfee Folge leisten.

Bruderschaft der Kälte

»Und das Fernrohr zeigte mir, wie der Zwerg Magie wirkte und der Schneehase zu Eis wurde. Dann warf er einen Stein darauf und das Tier zerbarst in tausende Stücke.«
—aus dem Brief der Ranja Swansgard an den Tempel zu Bjaldorn, 1035 BF

Was weißt du über Zauberer vom Volk der Zwerge? Viele nennen sich Diener Sumus oder Herren der Erde, und sie pflegen einen verantwortungsvollen Umgang mit dem Leben, im Sinne unserer Göttin. Der Frost jedoch scheint verfinsterte Artgenossen anzuziehen. Es häufen sich Berichte über zwergische Zauberwirker, die sich dem Element Eis verschreiben. Unter ihresgleichen bezeichnen sie sich als Geoden. Gegen jedes gedeihende Dasein gehen sie mit beängstigender Gefühlskälte vor, opfern gar der Kälte und hängen ahnungslosen Reisenden Frostzauber an. Über Dörfern lassen sie zerstörerischen Hagel niedergehen, frönen den Wegen der Vernichtung. Beunruhigend sind Sichtungen bei den Nebelzinnen. Hoffen wir, dass die Kalte Braut keine Anhänger in ihnen gefunden hat.

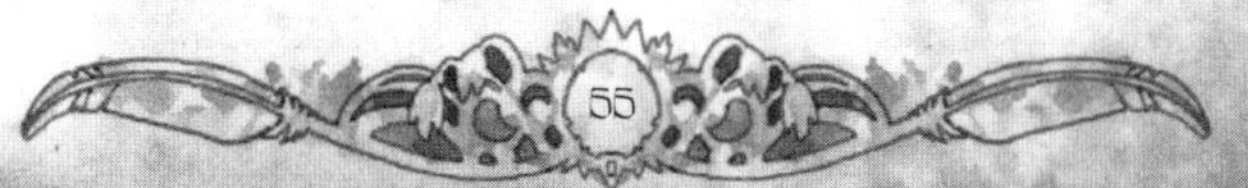

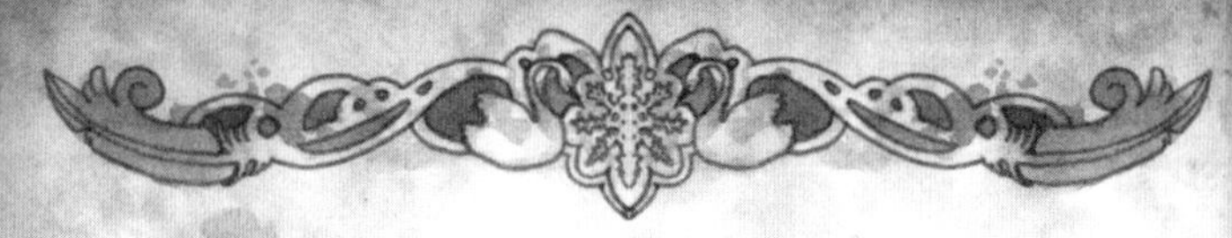

Vandriga – Der unsichtbare Inquisitor

»Zuerst war es ein Knurren, dann ein Heulen. Doch vom Raubtier fehlte jede Spur. Ins Gesicht und auf den Rücken peitschten mich dutzende antreibende Peitschenhiebe. Ich rannte nur noch um mein Leben.«

—ein Söldner zu seiner Retterin, eisiges Steppenland, 1037 BF

Übles führt dieser Wind im Schilde. Bei den Elfen und Nivesen heißt er Sturmschreiter, der die Nichtsahnenden erfasst und von den Klippen stürzt. Die niederträchtige Erscheinung soll den Beinamen Schatten im Rücken des Wanderers tragen. Hat er sich ein Ziel auserkoren, beginnt seine Jagd mit einem furchteinflößenden Fauchen. Anschließend peinigt er das Opfer mit immer stärkeren Böen, hetzt es zu einem Ort seiner Wahl oder bis zu dessen Zusammenbruch. Sofern die Beute nicht abstürzt, erfriert sie völlig entkräftet. Dem Bösartigen wird eine enge Verbindung zum Eisigen Bringer der Seelenkälte nachgesagt. Gleichzeitig heißt es, dass Zauberwirker der Yetis diesen Wind rufen können, wobei dies in letzter Zeit nur noch den Erfahrensten gelungen sei.

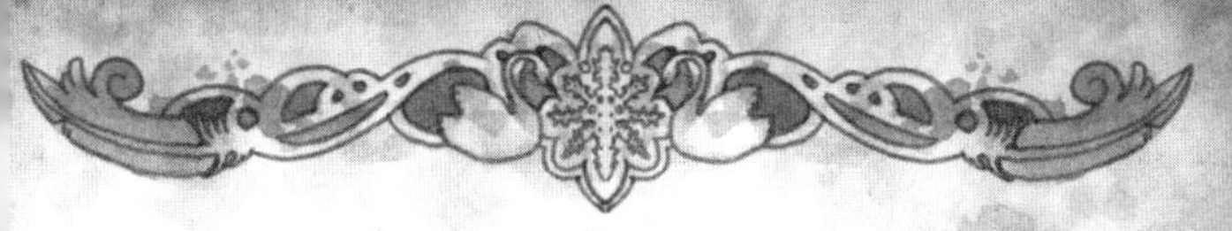

IV

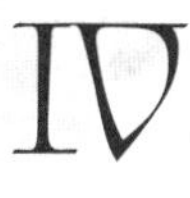

Regionale Ausprägungen

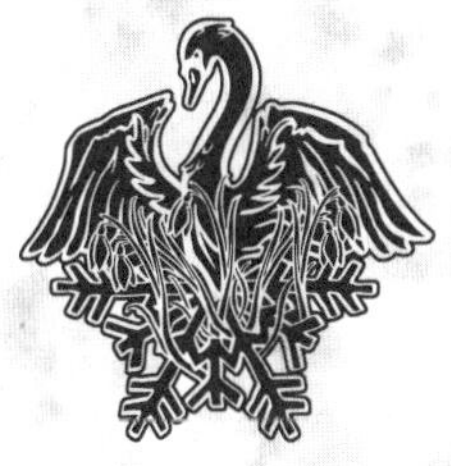

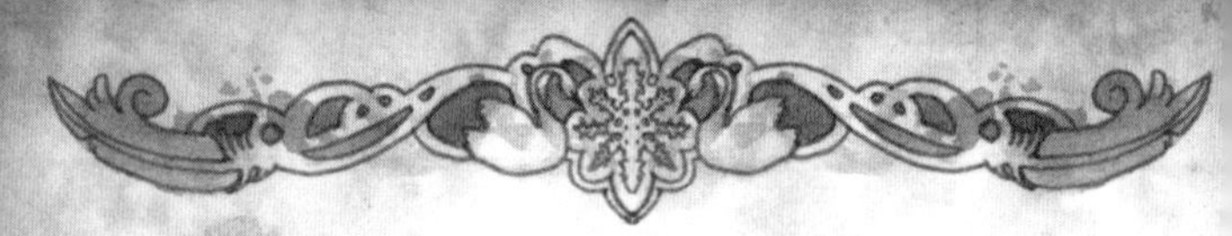

Schwanengewandungen

Auf unseren Reisen kommt es häufig zu Begegnungen mit Personen verschiedenster Kulturen. Der Schnee besucht Ifirns Ozean im Norden ebenso wie die Streitenden Königreiche oder das Mittelreich. Von der thorwalschen Küste im Westen wehen die Federn des Glaubens über den Svelltfluss bis ins östliche Bornland.

Was können wir Jüngerinnen Ifirns von den Nivesen oder Fjarningern zur Göttin erfahren? Kennen Zwerge Geschichten zur Sanften, singen Elfen Lieder über sie?

Unser Dasein ist endlich, selbst wenn wir weit in die Zukunft planen. Das Wissen um die Zwölfe, die Wintergöttin und der Glaube helfen, das Leben hoffnungsvoller zu verbringen. Verehrungsformen zum Kreislauf der Natur finden sich sogar bei Gemeinschaften, die einem in diesem Kontext nicht in den Sinn kommen würden, etwa bei den schwarzpelzigen Orks und bei den rotbefellten Goblins.

Ifirn liebt das Miteinander und fördert den Zusammenhalt. Sei voller Neugier und tolerant, selbst wenn du Worte hörst, welche dich im ersten Moment nachdenklich stimmen. Du wirst Ähnlichkeiten entdecken, die zu dir sprechen und manchmal Herausforderungen bieten. Dies alles sind Gewandungen der Frühlingsbringerin.

Nördliche Gefilde

Das Bornland liegt zwischen dem Perlenmeer und den Nordwalser Höhen im Nordosten. Die langen und rauen Winter haben Einfluss auf das Empfinden der göttergläubigen

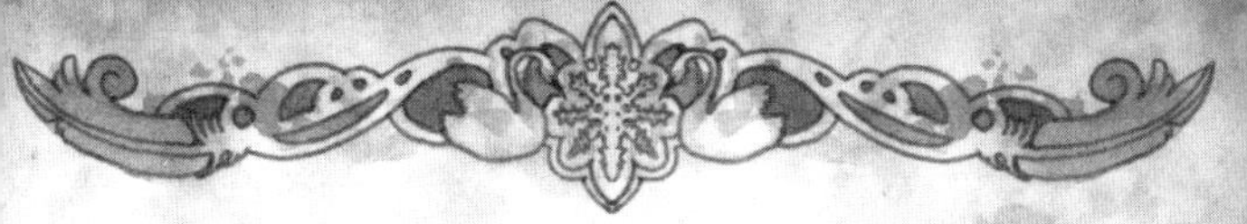

Menschen. Insbesondere zu dieser Zeit bittet man um die Milde Ifirns und einen zeitigen Frühling. Die Gläubigen fertigen dort Göttinnenbildchen zur Verehrung an; vielerorts findest du den Schwan, das Zeichen der Sanften. Den ersten Schnee feiern Kinder mit einem Reigen, dem Ifirnstanz. Damit huldigen sie der Tochter Firuns und hoffen auf ihre Unterstützung in der kalten Zeit.

Die Nivesen haben das nomadische Leben gewählt. Als Jäger und Hirten ziehen sie durch die weiten Ebenen des Nordens. Ihren Besuchern erzählen sie von den Himmelswölfen, die den ersten Wolf und den ersten Menschen hervorbrachten. Frag die Reisenden zur Himmelswölfin Firngrim mit dem weißen Pelz. Ebendiese ist die unerbittliche Wintermutter, die Kälte über das Land bringt. Mit ihr verbinden sie das Ende des Lebens, denn im Sterben hören sie jene heulen. Der Atem ihrer Zwillingsschwester Arngrim taut das Eis. Sie vertreibt die Schneedecke und schenkt jedes Jahr den lebensspendenden Frühling. In harten Wintern ruft man ihren Schutz an. Erinnert uns, die Zwölfgöttergläubigen, diese Wertschätzung nicht an Firun und seine Tochter?

Das Svelltland am namensgebenden Fluss ist von den Orks besetzt und trägt einige Bürden. Die Bauern auf dem Land haben ein ähnliches Götterbild wie im Herzogtum Weiden: Peraine, Efferd, Travia sowie Ifirn und ihr Vater sind hier von großer Bedeutung. Die Waidmänner und Fallenstellerinnen danken der Gebenden für Jagdglück. In der alten Stadt Tjolmar steht ein Tempel der Göttin.

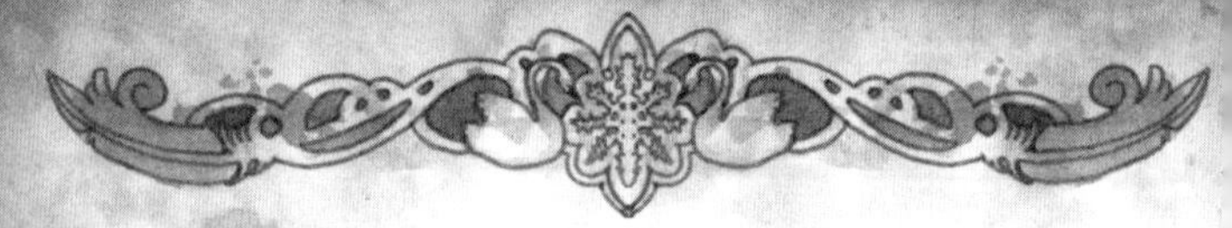

Die Thorwaler kennen Firun und Ifirn als göttliche Geschwister, die ungleiche Aspekte verkörpern. Der Wintergott steht für den verschlingenden Frost, der dem Leben schadet. Das nehmende Eis symbolisiert ihn und fordert einen harten Überlebenskampf. Die Herrschaft über den Winter gebührt seiner gütigen Schwester, die wohlwollend auf die Sterblichen schaut. Sie lässt die gesamte Schöpfung mit dem Sonnenlicht erwachen und schenkt allen die Fruchtbarkeit. Unter der Obhut der Gebenden leben Pflanzen, Tiere und Menschen auf. Häufig ist sie bei den Nordleuten die Geliebte des Swafnir, mit dem sie zahlreiche Nachkommen hat.

An den Nebelzinnen und Firnklippen leben die Sippen der Fjarninger. Einige nennen sie wegen ihrer beachtlichen Größe und Kraft abschätzig Eisbarbaren. In ihren Geschichten schufen ihre Hauptgötter Angara und Frunu die Welt. Frunu ist der Herr über Frost, Schnee und Jagd. Sein Volk prüft er in zahlreichen Gefahren, damit alle für die letzte Schlacht bereit sind. Das Eis ist ein Symbol der Unerschütterlichkeit. Umschlingt es jemanden, geht dieser den Weg zum Ewigen. Ifnir ist Frunus ansprechende Schwester und wurde einst vom zwielichtigen Swafnir entführt. Tief unten am Meeresgrund wartet sie umgeben von Fischen auf Rettung. Zuweilen sendet Frunu Eisberge zu ihr, um sie zu erfreuen. Erkennst du die neuen Blickwinkel zur Beziehung der Wintergottheiten?

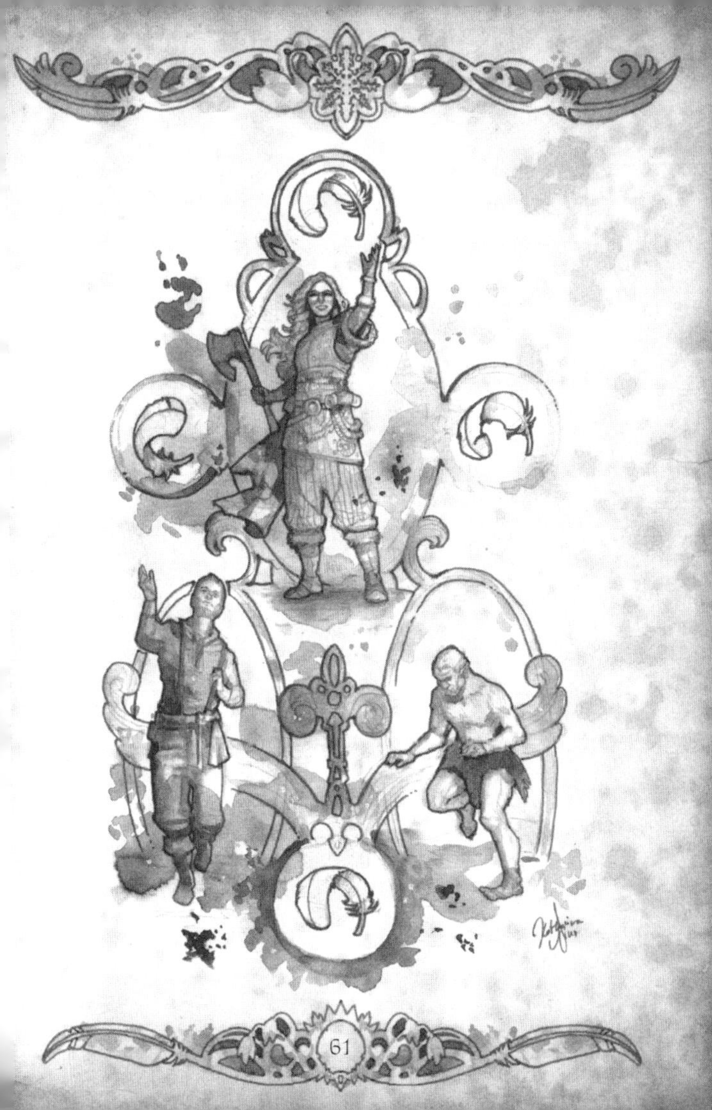

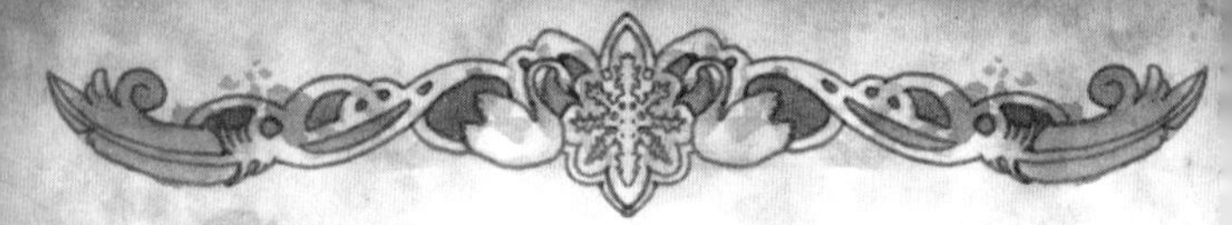

Mittelaventurien

»Das Einhorn oder Alicorn ist das Sinnbild des Herrn Nandus, da er ihm die Klugheit gab. Doch die Zuneigung des edlen Tieres gehört laut alten Quellen einer Göttin. Sie schenkte ihm das sanfte Wesen. Ist es nicht verwunderlich, dass nur männliche Exemplare bekannt sind? Die weiße Farbe täuscht indes nicht. Die Wintergöttin Ifirn ist dem Zauberwesen in Anziehung verbunden, aber nicht nur dies: Es sehnt sich umgekehrt nach ihrer Berührung. Daher ist das Unicorno bei Frauen mit hellem Haar und blasser Hautfarbe außergewöhnlich zutraulich. Nicht nur die Sagen berichten von bildhübschen Maiden, die Einhörner in ihre Welt einluden und die nicht mehr gesehen waren. Solch' Geschichten finden sich interessanterweise in beiden verfeindeten Reichen, Andergast und Nostria.«

—Was glaubt das Volk?, erweiterte Auflage, Wehrheim, 1005 BF

In den Streitenden Königreichen nimmt Firun traditionell eine hohe Position ein. Die Tempel und Schreine des Eisgottes versorgen zuweilen auch unsere Glaubensgeschwister. Fernab der Städte besuchen wir Diener der Milden die Dörfer. Sieht eine junge Frau ein Einhorn, gilt sie dort als von der Sanften gesegnet. Die Silberschwäne sind Patroninnen gegen den Einsamen Wanderer in der Waldwildnis. Jene Schauergestalt raubt Kinder und lässt Waldkreaturen auf die armen Leute los. Ifirn rufen wir dort zum Schutz vor dem Schwarzen Hund an, da die Bestie ihre Opfer erbarmungslos zu Tode jagt. Ein Gebet zu Ifirn sprechen ebenso diejenigen, welche den Schnapper fürchten. Diese Kreatur überfällt Reisende an Wegkreuzungen.

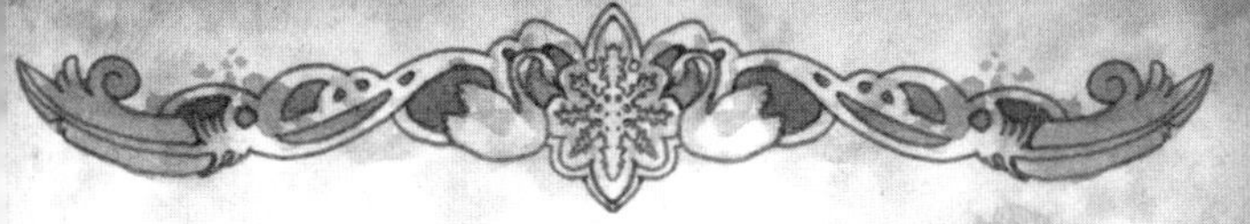

Im Kosch bitten die Gebirgsbewohner Firun und seine Tochter um Gnade vor dem Winter. Die Göttin malt mit ihrer weißen Pracht ein idyllisches Panorama in den Wengenholmer Bergen und dem Hochkosch. Auf den dortigen Almen blüht das Ifirnsweiß als ihr Zeichen. Der Weiher in Angbar, auf dem im Winter eine begehbare Eisschicht weilt, trägt ebenso ihren Namen. Man gedenkt ihrer bei der Schneeschmelze, damit Efferds Element keinen Schaden anrichte. In den Bergen schützt sie Reisende vor den Launen des Rabbatzmanns, denn jene Sagengestalt gebietet in den Sagen über Wind und Wetter. Manchen Wanderer soll er verschreckt und das Fürchten gelehrt haben.

Das Herzogtum Weiden ist die Heimat unserer Schwanenmutter, Walbirg von Löwenhaupt. Dort hat Ifirn sogar noch vor ihrem Vater eine bedeutungsvolle Rolle inne, neben Rondra und Travia. Die warmherzige Milde, Liebe zur Natur und der Beginn des Frühlings der weißen Maid sind den Weidenern wichtig. Im Ifirnstann suchen die Gläubigen unseren Schwanenreigen auf, einen Steinkreis zu Ehren von Nidari, Yidari, Lidari und Aidari. Der Tempel in Beonfirn wird als Pilgerziel zunehmend beliebter. Ist es nicht erstaunlich, dass dort ebenso die auelfische Schwanenhüter-Sippe lebt?

Am Perlenmeer im Osten liegt Tobrien. Mit dem ersten Herrscher des Hauses Ehrenstein, dem Heiligen Jarlak von Ehrenstein, der den Mendenischen Eber bezwang, hat die Region eine immens firungefällige Vergangenheit, die auch heute noch sichtbar ist. Firun wird vom Adel angerufen und zu Ifirn

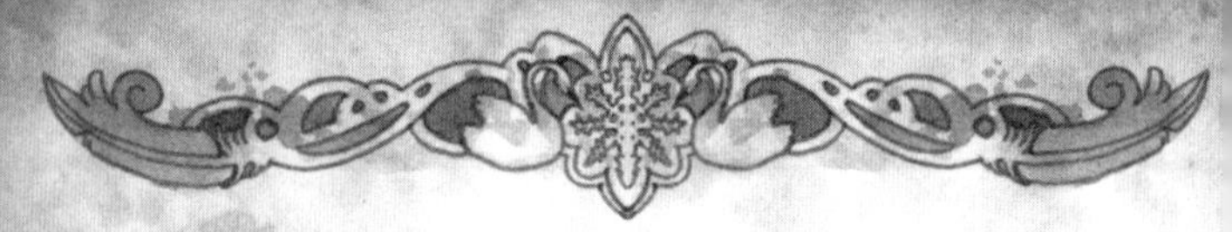

betet die Bevölkerung mit uns. Schlimme Grausamkeiten mussten die Menschen Tobriens ertragen, sodass Seelen und Natur weiterhin Heilung bedürfen. Vor kurzem entsandte die Milde einen Ifirnsfunken, um auf ein drohendes Übel aufmerksam zu machen. Mit der Eisrose von Jarlak weihte unsere oberste Dienerin Ifirns jüngst das neue Haus der Zuversicht in Firunsbrunn, dem ich vorstehe. Mögen die Hoffnung und das Licht der Schwanengleichen die Andenken der dunklen Zeit vertreiben.

Andere Völker

Im ewigen Eis leben die Firnelfen, versprengt in einzelne Clans. Die Verehrung von Göttern lehnen sie strikt ab. Aus ihrer Sicht beten nur labile oder verwirrte Geister höhere Mächte an, um sich der eigenen Verantwortung zu entziehen. Umso erstaunlicher sind ihre mannigfaltigen Lieder von der Alten im Daunenkleid. Ihre Erscheinung gleicht hierin einer Elfe aus Licht, bisweilen auch einem großen Eisschwan. Firnelfen rettet sie aus dem zehrenden Frost oder schützt sie vor Feinden. Die Anmut ihres Flugs im Wind inspiriert zu faszinierenden Melodien, ebenso wie ihr Fernweh. In der Klirrfrostwüste sprach sie zum Hochelfen und Stammvater Ometheon. Von ihr hat er den Weg zum Felsen erfahren, der später der Himmelsturm wurde, sagt man. Stechen die Ähnlichkeiten zu Ifirn nicht sofort hervor?

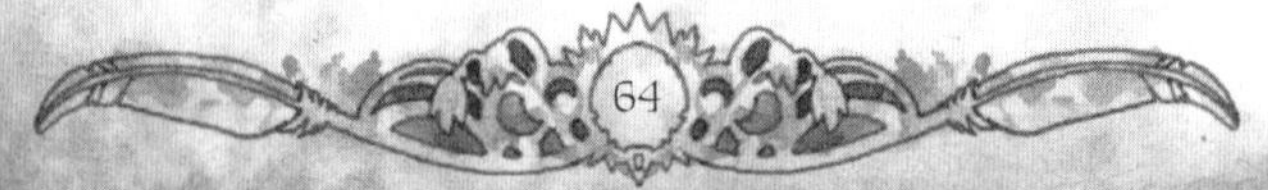

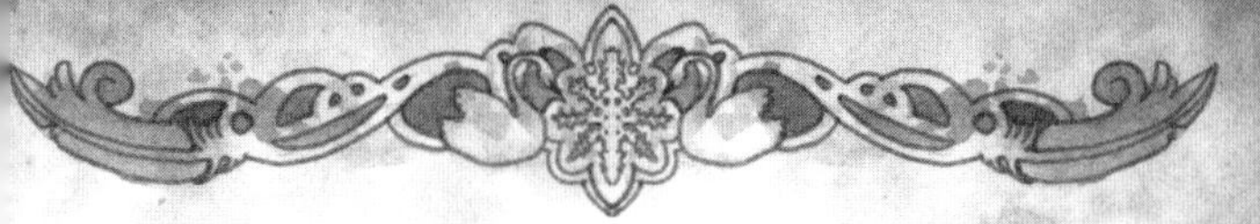

An den Küsten des Eismeeres kann man die Schneegoblins treffen, welche im Winter eine helle Behaarung tragen. Einen Keiler rufen sie als Gott der Jagd an, Orvai Kurim. Dieser färbte Bjaal, dem Bogenschützen, nach einem wichtigen Sieg sein Fell weiß. Seine Schwester Frinuun baute den ersten Bogen und besaß einen Pelz in der Farbe des Schnees. Mit ihrem Liebsten zog sie gen Norden und ist eine bedeutende Stammesmutter. Zeigt dies nicht, dass die Schneegoblins trotz ihrer Weltauffassung womöglich ähnlichen Wegen folgen wie wir, womöglich gar zu Ifirn aufblicken? Warum übersehen das die Diener Firuns und wenden sich so entschieden gegen Goblinbanden?

Weißpelzige Riesen kann man im eisigen Norden kennenlernen, die Yetis. Nur wenigen ist es vergönnt, sie zu ihren versteckten Familien zu begleiten. Ihre Gunst schenken sie Grlnack, dem weißen Gott der Jagd. Besonders von ihm gesegnet scheinen die Seher oder Schamanen zu sein, die mit den Geistern des Frosts sprechen. Einer von ihnen berichtete, dass der Nordstern ihm zuflüsterte, wann und wo er andere seines Volkes finden würde. Rat bieten die geisterhaften Gesprächspartner bei Wettergefahren oder der Suche nach Wild. Hast du von der Legende zur Stadtgründung Bjaldorns gehört? Sieben Yetis kamen bei der Errichtung des Kristallpalasts zu Hilfe, heißt es. Die Weißpelze nehmen Firun in fremder Form wahr. Ifirn spendet ihnen Eingebungen und Hilfestellungen im Alltag, ähnlich den Prophetinnen der Eiskristalle, auf die ich später noch ausführlicher eingehen werde.

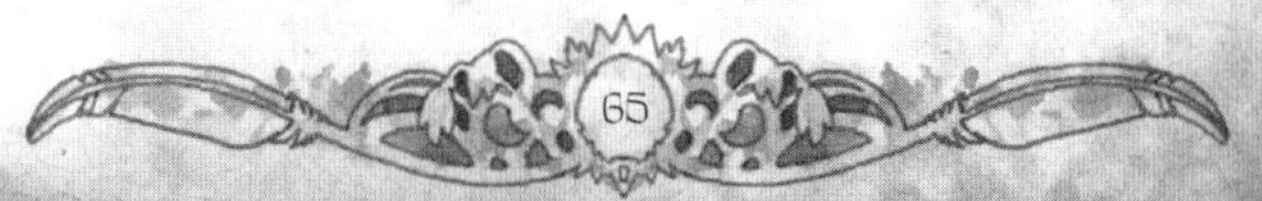

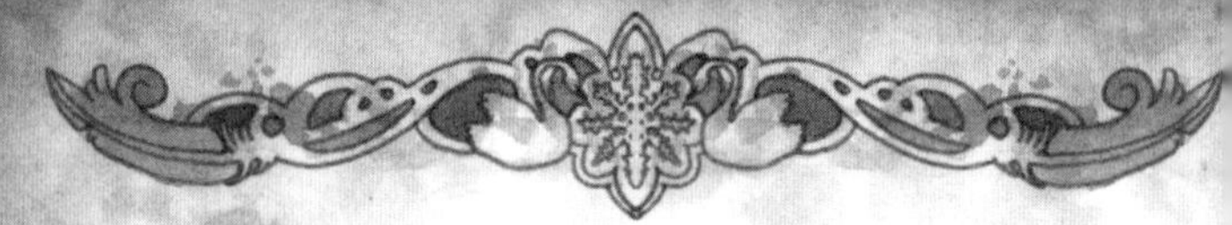

Unter den nordischen Zwergen ist die Sage vom Polardiamanten verbreitet. Der Dieb Rukus wurde ausgestoßen, doch die Milde sah dies. Daher ließ sie ihn über ein riesiges Juwel stolpern, den sogenannten Agam Bragab. Jener öffnete dem Einsamen die Tür zu einer zweiten Chance, denn der Zwergenherrscher vergab ihm im Gegenzug für das kostbare Geschenk. So schliff man den Edelstein zu seiner schönsten Form. Verzehrend verliebte sich König Fafka in die Wintertochter und bot ihr insistierend alles an, sein ganzes Volk und den Diamanten. Die Schwanengleiche nahm aus Dankbarkeit nur den leuchtenden Stein und platzierte ihn am Himmel. Der Polarstern strahlt seitdem als Wegweiser für jeden, und daher stammt Ifirns Beiname: „Licht des Nordens".

Im Süden liegt kaum Schnee, außer auf den höchsten Gipfeln. Dort leben die Ferkinas, eine archaische Kultur mit einer alten Religion. Wie die Urtulamiden kennen sie Meriban, Ifirns Mutter; ebenso deren Mut bei der Falkenjagd. Schutz gegen Echsen und eine Zuflucht gewährt ihnen die Naturgewalt des Eises. Den Polarstern schätzen jene als Zeichen der Schöpfung und Geburt. Triffst du auf das Bergvolk, kannst du eine Verbindung zwischen Kälte, dem Nordlicht und Firuns Gefährtin schaffen. Selbst tief im Süden ist der Ursprung des Winters bekannt, auch wenn kaum jemand an die Verehrung in den Tulamidenlanden denkt. Dort reist eine Geweihte Ifirns auf den Spuren Meribans.

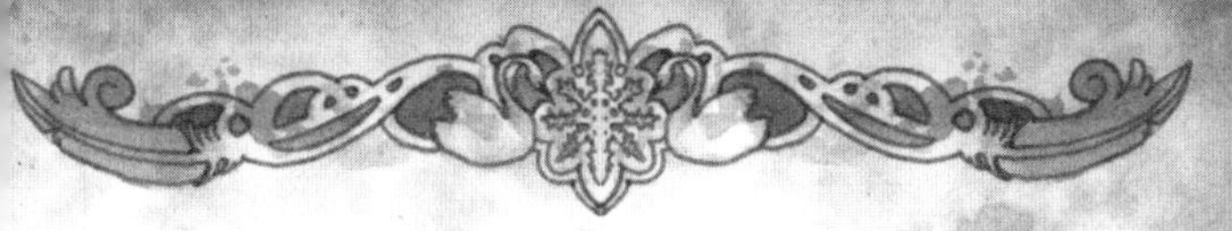

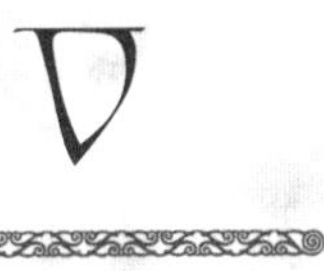

Liturgisches Wirken

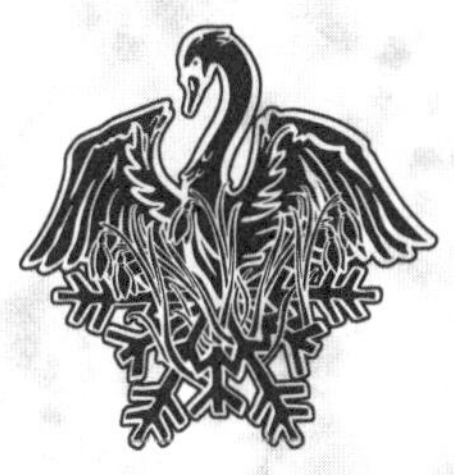

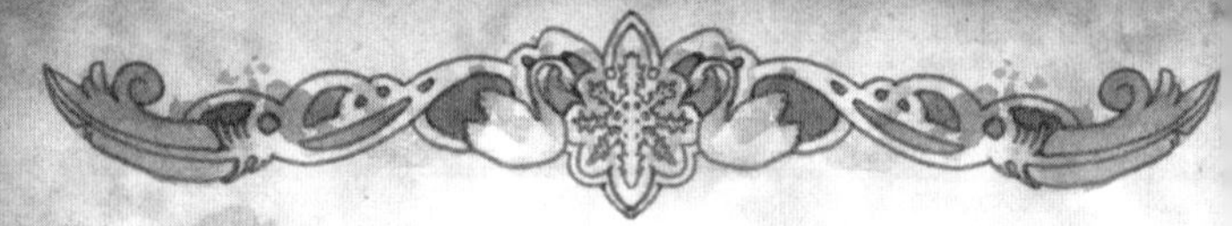

Ifirns Licht und Kraft

Die Wintergöttin schenkt uns himmlisches Leuchten, um ihr Werk auszuführen. Sei mit ganzem Herzen bereit, wenn du die göttliche Gabe durch deine Hände fließen lässt. Es gibt viele Möglichkeiten, die Kräfte zu nutzen, sei es im Notfall oder einem ruhigen Moment der Einkehr. In unserem Bund der Schwäne kommen verschiedene Menschen zusammen: Stille Jägerinnen treffen auf Kenner der Seele, Visionäre lachen mit Wanderern. Trotzdem sind wir miteinander verbunden, vor allem bei Gebeten und Anrufungen. Predigten und Gottesdienste sind im Unterschied zu jenen der Diener von beispielsweise Hesinde oder Praios meist beschaulich und schlicht gehalten. Goldene Hallen voller Weihrauch und Reliquien wirst du nicht finden. Häufig werden unsere Bitten in einem Dorf, am Waldrand oder bei einer Quelle vorgetragen. Die Natur mit sanftem Wind und rauschenden Blättern ist für uns ebenso ein Haus der Göttin, insbesondere, da etliche von uns auf Reisen sind.

Die Wortgewandten und Menschennahen versammeln die Gläubigen um sich, am Brunnen, Lagerfeuer oder mit Blick auf die Sterne. In unseren Tempeln der Schwanengleichen riechst du meist frisches Birkenholz und spürst weiches Fell auf deiner Haut. Sitzbänke findest du nur selten, denn sie trennen die Gemeinschaft voneinander. Eher bekommst du Hocker, Schemel und Stühle, manchmal etwas Wolle, eine Decke oder einen Pelz auf dem Boden beim Feuer, um dich warm zu halten. Hier soll sich jeder geborgen und zu Hause fühlen, durchatmen und ausruhen. Ein Getreuer spielt zu Beginn Akkorde

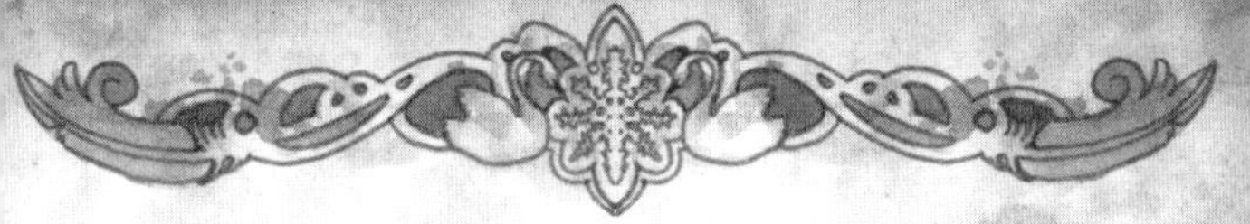

auf der Laute oder zupft die Harfe, sodass Geist und Seele entspannen. Andere summen friedvolle Weisen, welche an das Heim erinnern. Kerzen und Laternen erhellen das Gemüt und vertreiben Schatten. Sie erleuchten eine Schwanenstatuette, einen Schrein oder geflochtenen Korb, den weiße Federn und Ifirnsglöckchen schmücken.

»Schwanengleiche Ifirn, wandle meine Glieder zu Kristall, auf dass alle dein gesegnetes Leuchten sehen. Entsende einen Hauch, damit das Funkeln himmlischer Schneeflocken über uns erstrahlt …«
—typische Bitte einer Ifirngeweihten, neuzeitlich

Mein junger Schwan, diese Fibel ist ein Helfer und kein Gesetz. Das gilt für jegliche Gebete, Segnungen, Liturgien und Zeremonien. Die Mittlerin hat dir diese Macht geschenkt; nutze sie auf die Weise, mit der du dich der Göttin nahe fühlst. Das göttliche Wirken ist ein erhellender Lichtstrahl, der durch die Wolken am Himmelszelt dringt. Du lässt das Eis mit deinem inneren Klang schmelzen und zerspringen. Wir Älteren mögen mehr von der Kraft unserer Herrin gespürt haben, doch jede Dienerin vermag ihre eigenen Flügel auszubreiten. Manche erheben sich hoch in den Himmel, andere gleiten tief über den Wipfeln. Die Wintergöttin überwindet Grenzen, daher sieh die Worte als Beistand und nicht als Zwang oder Last.

Wann sollst du die dir gegebene Kraft nutzen und wann kannst du auf anderem Wege helfen? Ifirns Macht ist ein Werkzeug der Zuversicht, der Hilfe und der Hoffnung. Wäge ab, wann

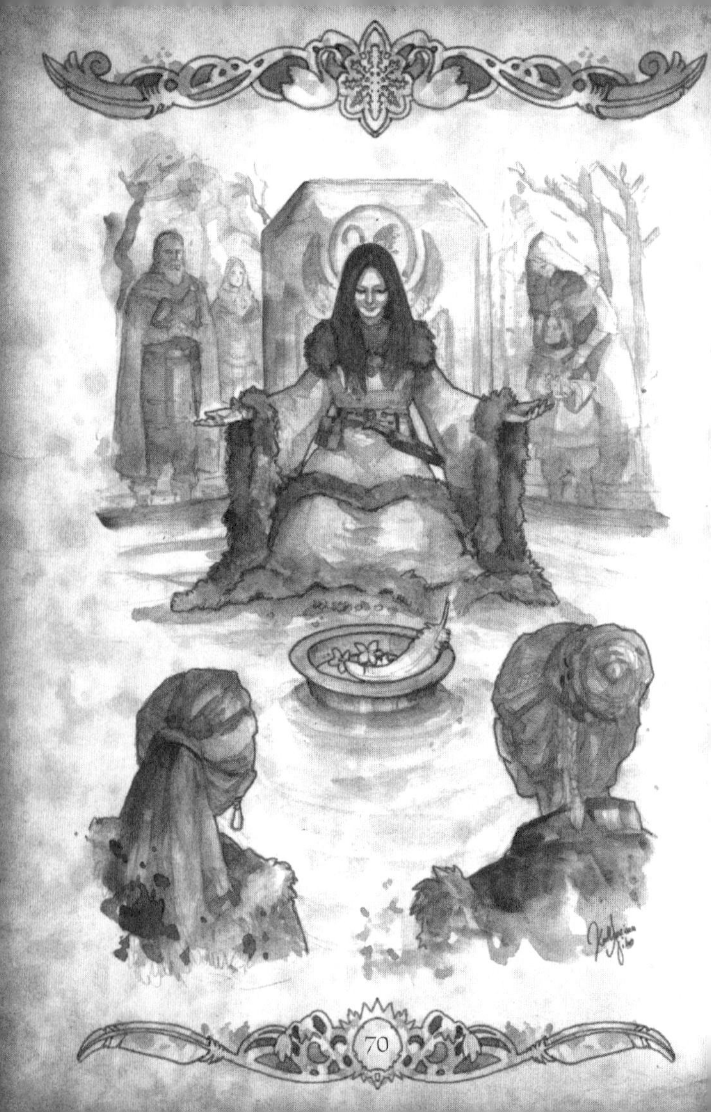

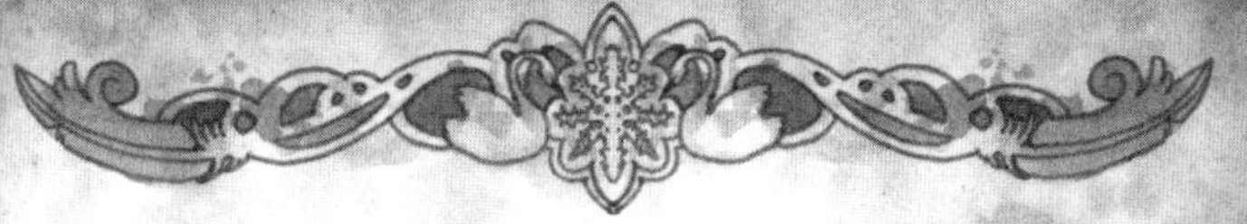

du auf sie zurückgreifst. Denk an einen Jungen, der vom Baum gefallen ist. Hat er sich Knochenbrüche zugezogen, zögerst du gewiss nicht und erbittest Ifirns Hilfe bei der Heilung. Bei einer leichten Abschürfung stellst du das göttliche Wirken jedoch zurück und versorgst ihn mit üblicher Heilkunde. Die Entscheidung hängt von der Dringlichkeit und deinen profanen Fähigkeiten ab. Wankst du, nutze die Gabe, um Sicherheit zu finden. Hast du Übung und Zeit, kannst du auf sie verzichten. Bedenke zusätzlich die Einschränkungen des Notleidenden. Muss er heftige Schmerzen erdulden, vermagst du neben einem versierten Umgang in den Heilkünsten sein Weh mit Ifirns Wärme zu lindern.
Gib dem, dessen Magen knurrt, aber achte auf die Gemeinschaft. Es wird Momente geben, wo du dich schnell entscheiden musst. Rückblickend magst du manchmal den eingeschlagenen Weg hinterfragen, doch grübele nicht zu lange. Auch wenn wir einmal nicht die richtige Entscheidung treffen, so lernen wir doch aus jedem Schritt, den wir tun. Zuweilen reicht unsere körperliche oder wortgewandte Verfassung nicht aus, um anderen eine Stütze zu sein; für diese Fälle strömt das Geschenk der Schwanengleichen in dir. Ihr Licht schenkt allen Mut und Hoffnung. Wachse über dich hinaus, denn die Gebende trägt jeden von uns.

Göttinnenwirken

Das himmlische Werk hat viele Gesichter: Der leise Schnee schwebt bedächtig zu Boden und deckt ihn still zu. Lautstark prasselt der Hagel auf die Bäume und das Zelt und springt

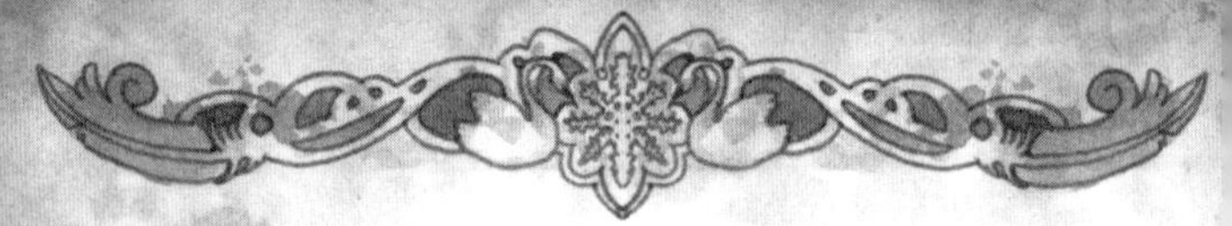

dort umher. Plätschernd bilden sich die ersten Tropfen des Schmelzwassers, welche sich kraftvoll vereinigen und lawinengleich von den Gletschern ins Tal hinabstürzen. Ifirn kannst du gleich einer Quelle ehren, mit sprudelnden Worten und hellem Klang. Für deine innere Wärme benötigt es keine Sprache, denn oft reicht ein Lächeln, eine Umarmung, gar eine leichte Berührung. Die Sanfte hat dich erwählt, einen leuchtenden Kristall der Hoffnung. Das innige Gefühl genügt allen Schwanendienern im Eis, da wir den Mitreisenden beistehen und der Sturm um uns heult. Gemeinsam mit den Gläubigen vermagst du im Dorf oder der Zuflucht die Wintergöttin singend zu preisen und ihre Geschichten vorzutragen.

Einige von uns inspiriert es, die Kraft des Lebens auf der Haut zu fühlen. Daher rufen sie barfuß und im Unterkleid die Gebende an. Manche Gefährtin preist die Milde mit glitzerndem Gewand, welches ihr Strahlen und den weißen Schnee symbolisiert. In einem Kreis reicht man sich meist gegenseitig die Hände, um die Herrin anzurufen. Spende ergeben, was du hast, denn die Bedürftigen verdienen Ifirns und deine Zuwendung.

Segnungen

Die zwölfgöttliche Gemeinschaft führt Segnungen durch, um den Menschen manche Last zu erleichtern. Auch du wirst viele Segen spenden, denn Gläubige werden dich aus vielerlei Gründen aufsuchen, und manch einen magst du mit deinem Beistand aus einer wahren Notlage retten.

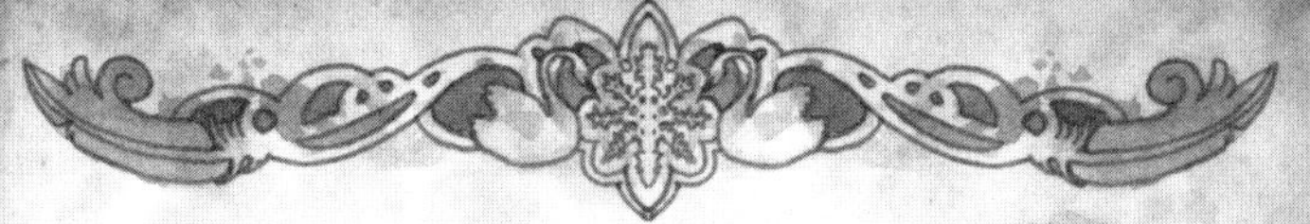

Feuersegen

Wärme und Licht bringt das Element Ingerimms mit sich. Es trägt Schöpferkraft und Stärke in sich und ist Inbegriff von Leidenschaft, Neugier und Willenskraft. In der Kälte benötigen wir es für das Entfachen eines Lagerfeuers oder das Schmelzen von Eis und Schnee. Seine Helligkeit vertreibt die Dunkelheit und schenkt uns Zutrauen. Fällt das Anstecken des Zunders schwer oder musst du Flammen im Sturm entfachen, hauche den sehnsuchtsvollen Atem in eine der beiden Handflächen.

Herrin Ifirn, gewähre mir das Feuer Ingerimms, die Frierenden zu wärmen und Dein Eis zu schmelzen.

Alsdann wird sich das Element nach der Bitte erheben, widerstandsfähig gegen Regen, Schnee und Stürme. Es mag der Beginn des Leuchtens sein, der eine Kerze oder Laterne erhellt. Dein Körper bleibt unversehrt und nimmt keinen Schaden, denn diese Flamme entspringt göttlichem Beistand. Sie vermag bei einer Zeremonie den Glauben aller Anwesenden tiefer zu entfachen. In Eis und Wald hast du selbst gelernt, Funken auf profanem Wege zu schlagen. Entscheide, wann das Wirken geboten ist.

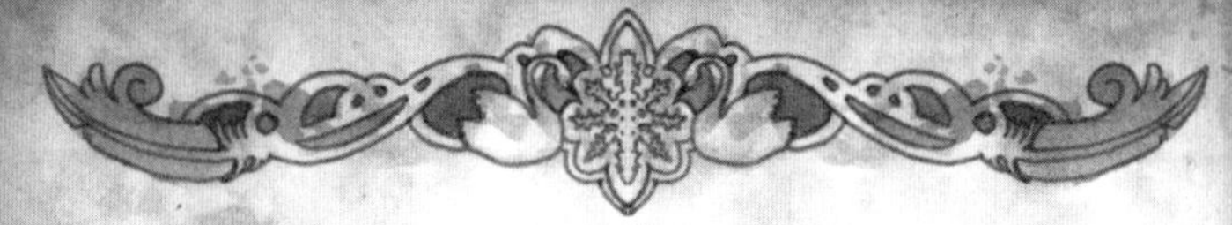

Harmoniesegen

In Dunkelheit und Frost lauern Schatten, die uns Angst machen. Ist man diesen dauerhaft ausgesetzt, können sie das Gemüt zermürben. Furcht trägt jeder in sich und sie ist nichts Schlechtes, denn oft mahnt sie uns zur Vorsicht vor Gefahren. Doch nicht immer vermögen wir den Gefahren zu entgehen: Manch einer musste das Unglück einer Lawine erleben oder sah die Klauen einer finsteren Kreatur vor seinem Gesicht. Wenn alle Wege verschlossen und Situationen ausweglos scheinen, keimt Beklommenheit und gedeiht. Zitternde Finger, Luftnot und Schwindel sind untrügliche Zeichen der Angst, ebenso erregtes Atmen, Zucken oder eine plötzliche Starre.

Dieser Segen spendet Frieden, weht die Niedergeschlagenheit hinfort. Nimm die Hand des Verstörten und führe sie zu deiner Brust, eine Umarmung stärkt weiterhin das Vertrauen. Du kannst persönliche Worte wählen oder die folgenden, welche mich meine Mentorin lehrte:

Göttin Ifirn, lass Dein Licht der Hoffnung strahlen,
damit es den finsteren Schleier der Angst vertreibt.
Himmlische Rahja, schenke Freude und Heiterkeit,
dass Herz und Seele euer beider Liebe erfahren.

Mit der Macht dieses Segens sind die Empfindungen der Leidenden vor Fürchterlichem gefeit und sie öffnen sich der Zuversicht wie die Knospe einer Wildrose.

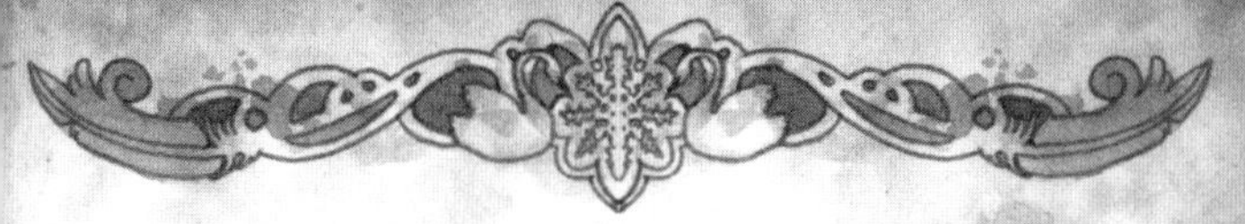

Kleiner Schutzsegen

Auf deinen Flügen in die Himmelsrichtungen ist es möglich, dass dir Kreaturen der Finsternis begegnen. Die Hetzer, die dunkle Schwanenschwester und andere Mächte versuchen, vor allem seit dem Sternenfall, ihren Einfluss zu mehren. Vor manch unheiligem Wirken vermag dieser Segen zu schützen. Der Kreis hält Schattenwesen von dir und deinen Freunden fern, wozu erweckte Tote und die niederen der siebtsphärischen Ungeheuer zählen. Vertraue auf die Schwingen der Schwanengleichen, welche am Firmament über allem schweben. Ich gebe hier die Worte wieder, die Nidaria Schwanenflug in Norburg die Novizen lehrt. So du andere gelernt hast, zaudere nicht, diese zu sprechen. Verstreue eine Hand voll Birkenzucker zu einem Kreis und rufe:

Auf Geheiß der Wintergöttin: Hinfort, finstere Brut und wandelndes Unleben! Hier gleißt das Ifirnslicht und lässt das Dunkle nicht hinein!

Hüte dich, denn der Ring mag die Verderbten nur kurz aufzuhalten. Am Rand des Kreises können deine Gefährten sich mit Waffengewalt zur Wehr setzen, doch können sie dort trotzdem getroffen werden.
Unsere Schwester Iloïnen berichtete, dass jener Kreis nicht nur das Unlebendige, sondern auch manch weiße Höllenhunde aus dem Gefolge von Firuns Gegenspieler abzuhalten vermag.

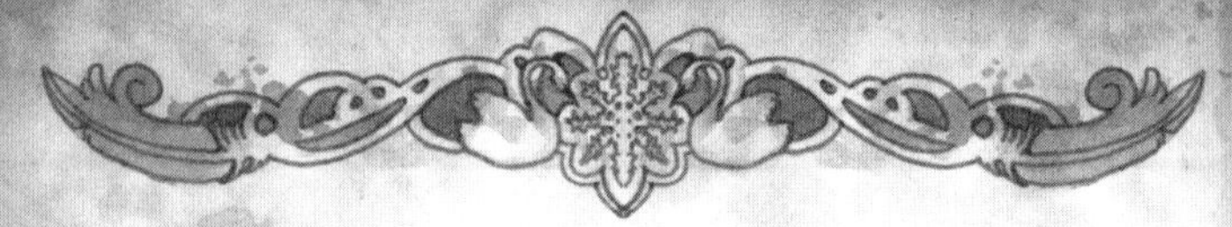

Stärkungssegen

Frost und Kälte zehren an unseren Kräften. Vor allem bei ihrer Rettung musst du Verletzte zuweilen tragen, stützen oder ziehen. In solchen Augenblicken schlagen dunkle Gegner zu, um eine sichtbare Schwäche auszunutzen. Sie kämpfen nicht mit Ehre, sondern haben nur ihren Vorteil im Sinn. Mit der Bitte an den Wintervater Firun kehrst du sein Element für kurze Zeit um und machst dich unempfindlich. Schmerz und Erschöpfung werden von dir abgleiten wie die Klinge am Eis. Der Segen härtet ab, auch gegen vorherige Torturen und Schmerz. Richte deinen Blick ins Innere und stelle dir einen riesigen Gletscher vor, strotzend vor Kraft. Auf seinem Gipfel stehst du unerreichbar und sicher. Mit Worten kannst du dir ebenso innere Bärenkraft schenken. Nimm diese als Inspiration:

Tochter des Weißen Jägers, treibe mir mit deinem Eis die Anstrengung aus meinen Gliedern. Verleihe mir den Harnisch der göttlichen Kälte, damit der Schmerz keine Macht über mich erhält.

Diese Anrufung stärkt dich in einem Kampf, jedoch nicht darüber hinaus. Im Angesicht einer Übermacht bedenke vorab dein weiteres Vorgehen. Die Olporter Tempelvorsteherin mahnt hier vor Übermut, denn man kann nur einmal am Tag von diesem Segen profitieren.

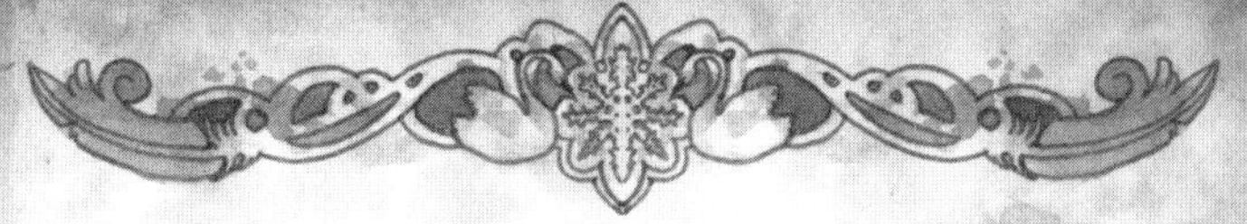

Gebete

Wir verbreiten Frohsinn, tanzen mit den Kindern in den Frühling oder singen Lieder. Auf Gebetsbücher mit Formeln und schweren Worten verzichten unsere Brüder und Schwestern meist. Möchtest du eine Predigt halten, beobachte, wie die Menschen auf die Natur und aufeinander reagieren und du wirst Anregungen erhalten. Angehende Dienerinnen notieren sich manchmal Worte an die Göttin, die nun beispielhaft folgen. Sei nicht zu streng mit dir, denn kaum jemand von uns vermag so geschickt mit Worten umzugehen wie ein Schreiber. Bilder, Musik, ein Hase aus Schnee und gelebte Freude sind der Sanften ebenso lieb.

Zum Erwachen

Knospengekrönte Schwanengleiche,
wann wirst du mich neu erfreuen?
nach Eissturm, Hagel, Regenschauer
ersehnt mein Herz den Sonnenglanz.

Vertreibe Trübnis, Dunst und Dämmertage
für tanzend hellen Frühlingsrausch.
Bringe Quellen, Blüten, jauchzend Eifer
statt leblos, weißen Deckenbausch.

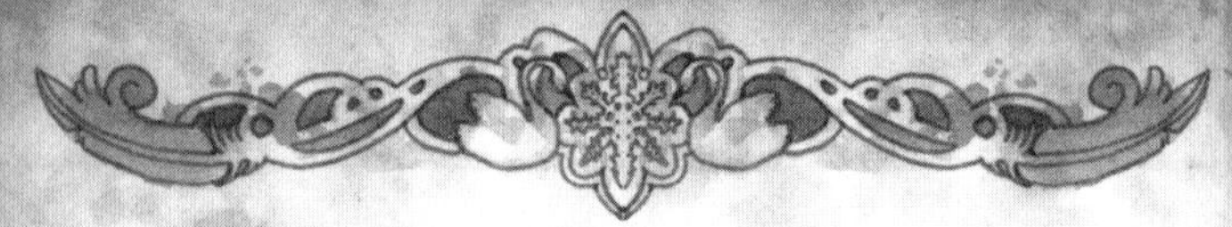

Gesuch an die Zuversicht

Wir rufen dich erst bei nötigem Beistand,
sonst voll von Arbeit, kaum zu verstehen.
Du, Herrin Ifirn, öffne aller Augen,
aus jedem Lächeln mag Hilfe geschehen.

Die kleinen Funken kannst du entfachen,
erklimmst jeden Berg, wenn du daran glaubst.
In dunklen Zeiten geht Mut verloren,
aber das Hadern ist auf Sand gebaut.

Leicht willst du dich der Furcht ergeben.
Wenn Ängste greifen, bleibt alles still.
Suche in dir Hoffnung und Liebe,
unser Ifirnsstern bringt dich ans Ziel.

Herzenswärme

Selbst ohne Begleitung und Gefährten bist du nie allein. Über unsere Herrin Ifirn sind wir miteinander verbunden. Jeder hat ein Bewusstsein für Mitgefühl und Hilfe, doch nicht jeder kann es immer erspüren. Manche haben im Laufe der Zeit die Verbindung zur Quelle verloren, welche es neu zu knüpfen gilt. Viele Menschen finden Erfüllung, indem sie Beistand anbieten und die Hand reichen. Einige sind erblindet und sehen den Nutzen darin nicht, weil sie zu sehr in ihrer eigenen Welt leben.

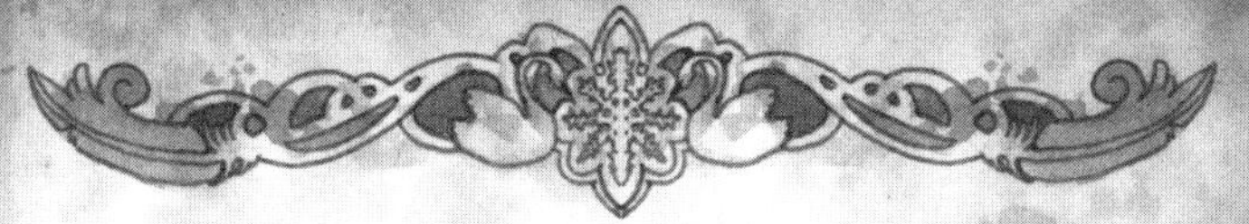

Andere betrachten die Umstände als Bestimmung, an denen man wenig ändern sollte. Jeder Schwanenschüler übt sich in Aufmerksamkeit, um Notleidende zu erkennen und den Idealen der Gebenden zu folgen. Es wird sicherlich geschehen, dass du selbst Hilfe brauchen wirst oder für die Lösung eines Problems mehrere Arme, Beine und Hände vonnöten sind.
Ein junges Mädchen ist entdeckerfreudig auf einen turmhohen Felsen geklettert und rutscht ab. Sie droht abzustürzen, doch kletterst du hinauf, wirst du sie nicht auffangen können. Wartest du allein unten ab, könnte sie sich schwer verletzen. Ihr beide benötigt Hilfe, niemand erhört dich und es fehlt die Zeit für große Erklärungen. Wichtig ist nur die Inbrunst. Ich lernte folgende Worte, an die du aber nicht gebunden bist:

Himmlische Beschützerin, unermesslich Gütige, ich erflehe deine Flügel. Jemand ist in Not und ich stehe hier allein. Lenke mit einem Lichtblitz die Augen eines Gefährten zu mir und erwecke seine Sanftmut, wie verworren die Wege auch sein mögen. Ifirn, du Bringerin des Frühlings, lass ihn herbeieilen, damit niemand ein Leid erfährt. Göttliche Wintertochter, deine Dienerin bittet dich um deine Gnade!

Die Liturgie sendet dir Beistand im Namen der Milden. Dieser wird aus der Umgebung herbeieilen, um zu helfen, denn die Wege der Schwanengleichen erweichen das Herz.

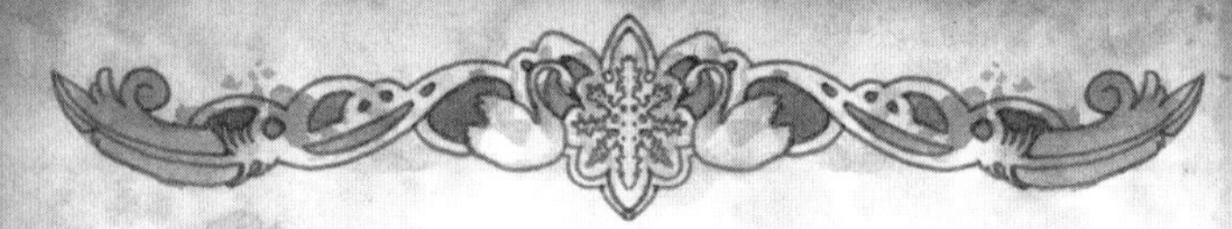

Hilfe in der Not

Verzweiflung, fehlende Aussicht und Trostlosigkeit bedrücken Familie und Gefährten, wenn ein Freund in Not gerät. Ist er das Opfer einer Lawine, gar eines Überfalls? Hat er sich im Moor oder auf der Reise verletzt? Ungewissheit quält uns und zeigt sich in ebenso traurigen, panischen und resignierten Gesichtern. Daher hat uns die Gütige eine Möglichkeit geschenkt, das Vertrauen aufzubauen und einen Verlorenen in der Nähe zu finden. Mit Zuneigung und Hoffnung spürt Ifirns Kraft Bedürftige auf.

Bei einem Verschütteten ist ein persönlicher Gegenstand vorteilhaft: eine Mütze oder ein Beutel beispielsweise. Diesen befestigst du an einem Zweig der Birke, der Ifirnsfichte beziehungsweise an deinem Bogen. Hat ein anderer einen weit entfernten Schrei vernommen, hilft dir ein Schmuck von Federn und Blättern. Dann hältst du das Holz in beiden Händen und segnest es. Jenen Ausspruch habe ich im Bornland gehört, der dir als Anhaltspunkt dienen soll:

Hoffnungsspendende, hier darben schwere Herzen, denn eine Seele ist in Not. Dein Wind vernimmt jedes Stöhnen und dein Licht sieht vom Himmel alle Gefahren. Beschützerin des Weges, führe mich auf den Pfad der Rettung und lenke unsere Schritte.

Der Atem der Göttin wird deinen so erschaffenen Kompass aus Federn, Blättern oder Stoff erfassen und dir eine Zeit lang die Richtung weisen. Je häufiger und vertrauensvoller du diese Methode anwendest, desto länger wird die himmlische Führung

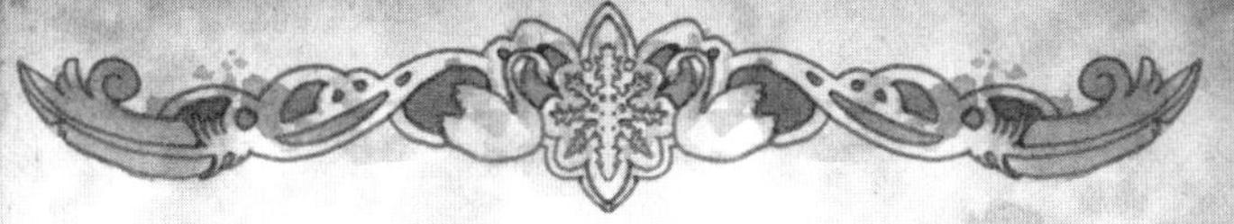

deine Schritte lenken. Besonders erfahrenere Schwanenfreunde vermögen zu sagen, welche Strecke zu überwinden ist. Einige erahnen Wegmarken nahe dem Vermissten, wie einen Fluss oder Berg.

Linderung von Leid

Zwei Zornbrechter Bluthunde waren in den See gesprungen und hatten eine Schwanenfamilie angegriffen. Unsere Schwester verjagte die Vierbeiner vom Boot aus mit Steinen. Vater Schwan hatte einen gebrochenen Flügel und die Mutter einige Bisswunden an der Schulter. Hilflos trieben sie auf dem See. Wirst du Zeuge von Ähnlichem, locke die Tiere geduldig mit Rufen zu dir. Sitze in der Hocke, streiche sanft über ihren Körper und sprich ihnen gut zu.

Herrin der Natur und des Überlebens! Dieses Wesen leidet Furcht und Schmerzen. Breite dein schützendes Federkleid über ihm aus. Trage mit deinem Lebenshauch das äußere und innere Leid hinfort. Mutter der Wildnis, beende die Pein und steh ihm bei, auf dass dieses Geschöpf bald zu seinem sicheren Heim zurückzukehren vermag.

Wandele den Ausspruch nach deinem Willen. Du bist der Wächter der Balance. Jedes Tier verdient unsere Aufmerksamkeit, auch wenn es noch so unscheinbar ist. Die Himmlische liebt das Leben in ihrer Vielfalt. Bewahre es.

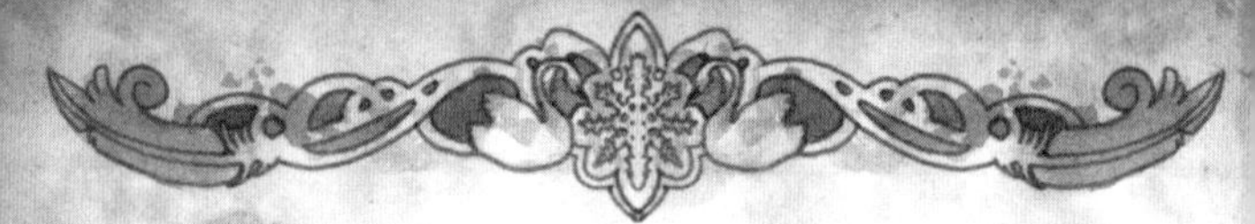

Tiersprache

Die Tierwelt erhielt als Geschenk intensive Sinne. Weißt du, dass die Nase eines Hundes riecht, ob du glücklich oder ängstlich bist? Hört das Eichhörnchen in seiner Nähe den kleinsten Laut, springt es auf und davon. Der Blaufalke geht auf die Jagd nach wendiger Beute und schlägt sie dank seiner guten Augen. Die Tiere erleben die Welt anders und erkennen, was uns Menschen verwehrt bleibt. Ein Blick und ein Schritt verraten jede Person. Daher vermag dir ein Geschöpf zu berichten, was deiner Wahrnehmung entgeht. Um die Sprache der Tiere zu verstehen, musst du in ihr Wesen eintauchen.

Ist das Tier scheu und legt Vorräte an? Ist es neugierig oder gar zutraulich? Nimmt es die Welt mit den Ohren sowie den Schnurrhaaren wahr?

Die Göttin steht für das Schenkende der Natur. Denke an Nüsse und Kerne, wenn du das Eichhörnchen wählst. Geh in den Gedanken die Plätze durch, wo es Beute lagern würde. Du kannst dich ihnen ebenso langsam nähern und die Herrin leise mit Worten um Beistand bitten.

Sanfte Ifirn, öffne den Geist deiner Getreuen für die Natur. Spitze meine Ohren und schärfe den Verstand, damit ich das innere Wesen erkenne. Lass unsere Nähe eins werden, in Worten und Gedanken. Den dir gefälligen Lauten horche und deinem Zungenschlag folge ich. Du bist der Anfang, der allem innewohnt.

Bedenke, dass das Tier auf seine Weise antwortet und dir Hinweise schenkt, welche du ordnen musst. Je mehr du vom Leben des Geschöpfs weißt, desto leichter wird dir der Austausch fallen.

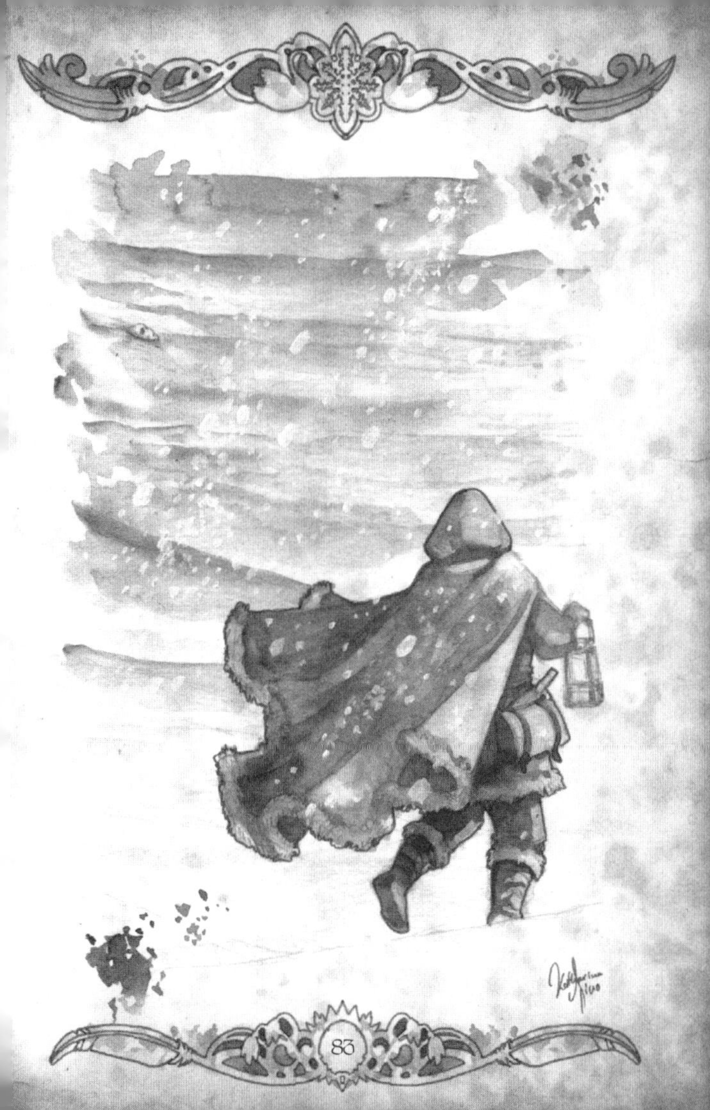

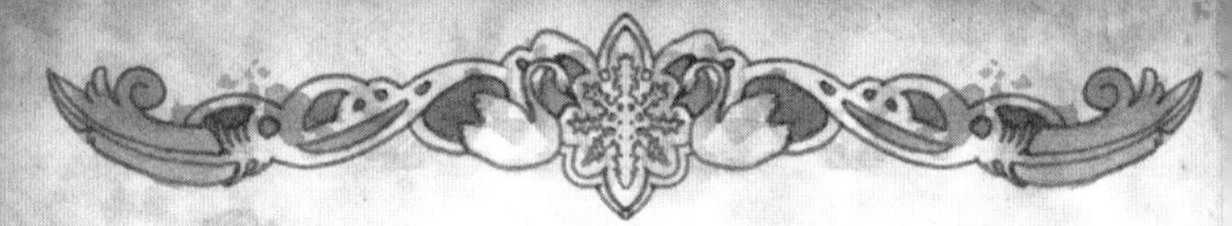

Zuflucht im Sturm

Eine Reise durch den hüfthohen Schnee ist ebenso anstrengend wie das Erklimmen eines Gletschers. Manche Begleiter sind nicht so häufig in der Wildnis und daher schneller außer Atem. An einigen Tagen wüten die Eisgewalten und peitschen euch mit Hagel und Sturm. Selbst die Vögel verstecken bei diesem Wetter ihre Schnäbel unter den Flügeln im Gefieder. Verletzte brauchen Ruhe und Schlaf. So wird es nötig sein, einen Hort für die Rast und Erholung zu finden.
Besinne dich auf den Moment des prasselnden Feuers und der Wärme, im Namen der Göttin. Lass im Inneren das gemeinsame Essen und Lachen aufleben und rufe das Gefühl wach, wenn du deine ermüdeten Glieder ausstrecken kannst. Es gibt Anhänger unter uns, die Birkenzucker oder Blätter auf den Weg streuen. Andere tragen Schnee auf die Lider auf und formen ein kleines Haus aus Eis, das Sinnbild einer Unterkunft. Bitte die Himmlische um Beistand, wie es dir in den Sinn kommt.

Höre uns, Wintergöttin, welcher wir das Überleben und die Reise gleichermaßen zuschreiben. Die Beine sind lahm, die Arme vom Tragen schwer. Unser Magen ruft nach einem Mahl und die Kehle hat Durst. Spende uns von deiner Güte und gewähre eine baldige Zuflucht, auf dass wir den zehrenden Eisgewalten entkommen und uns an der ersehnten Wärme laben. Alle bedürfen der Erholung für neue Taten in deinem Namen. O Sanfte, steh uns bei.

So du häufiger in den Ebenen des Nordens unterwegs bist, vermagst du nun leichter Zuflucht vor der Kälte für dich und deine Begleiter zu finden.

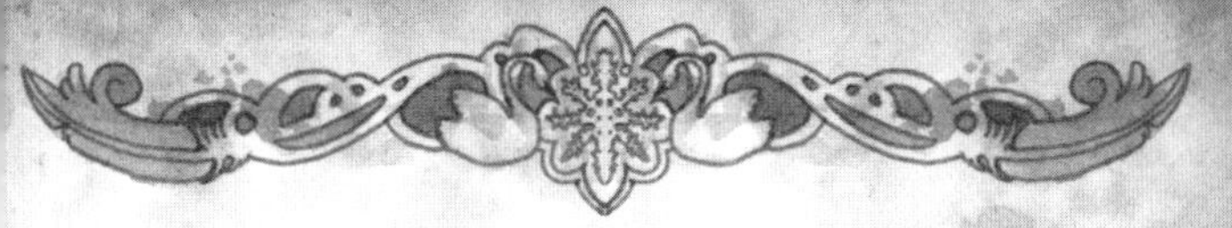

VI

Talismane und Artefakte

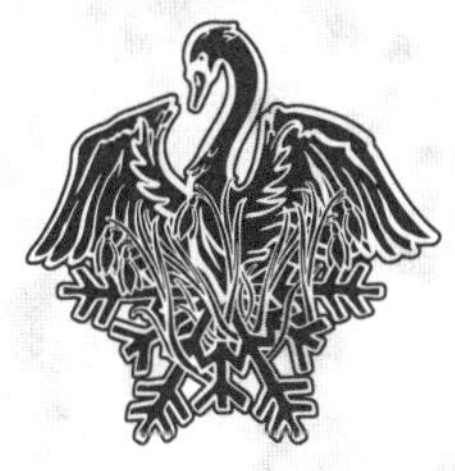

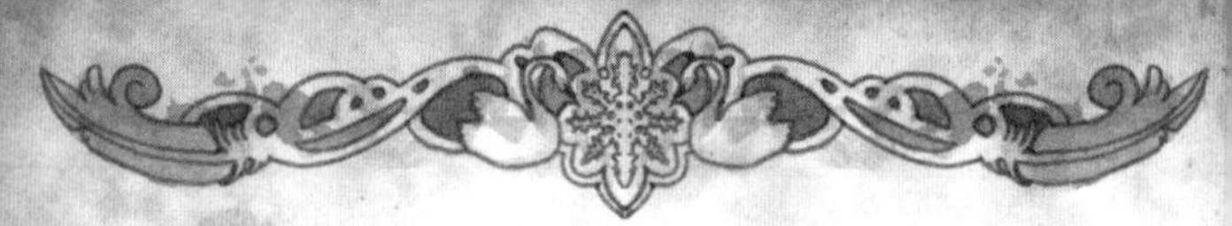

Neben Zuversicht und ihrer wärmenden Nähe hat Ifirn uns auch sehr materielle Unterstützung an die Hand gegeben, nämlich Talismane und Artefakte. Die Geschichte Aventuriens kennt viele Hinweise auf das Erbe der Zwölfe und ihrer Kinder, dem teils wundersame Kräfte innewohnen. Reden wir hier von magischen Kräften? Mitnichten! Die Existenz von Artefakten geht häufig auf Ereignisse zurück, die nur die Herrscher Alverans verstehen.

Ein Besinnen auf ihre Vergangenheit, ihre Herkunft, ihren Ursprung offenbart uns Sterblichen manches Geheimnis. Worum handelt es sich bei diesen karmalen Talismanen? Welche Kraft wohnt der Eisrose inne? Die Göttin hilft und wirkt durch die Talismane. Sie lenkt durch sie die Aufmerksamkeit der Gläubigen auf etwas Kostbares und hebt es als Vorbild hervor. Diese Artefakte erleichtern dir und allen anderen den Blick auf Ifirns Ideale, wie der Kristall, der himmlische Strahlen bündelt.

Die Schwanengleiche führt uns mit ihren manifestierten Gaben ihre Botschaft klar vor Augen, welche wir sonst eher in Anwesenheit von Geweihten erleben, die uns zum Nachdenken anregen, um Ifirngefälliges ins eigene Leben zu bringen. Spürt jemand durch einen Talisman unmittelbar Ifirns Präsenz auf Dere, schafft dies Verständnis und lässt das Himmlische fassbar werden. Jeder Jünger der Wintertochter trägt zu diesem Zweck seinen zeremoniellen Mantel bei sich. Das Teilhaben an der Kraft der Frühlingsbringerin erfreut uns und stärkt die Seele.

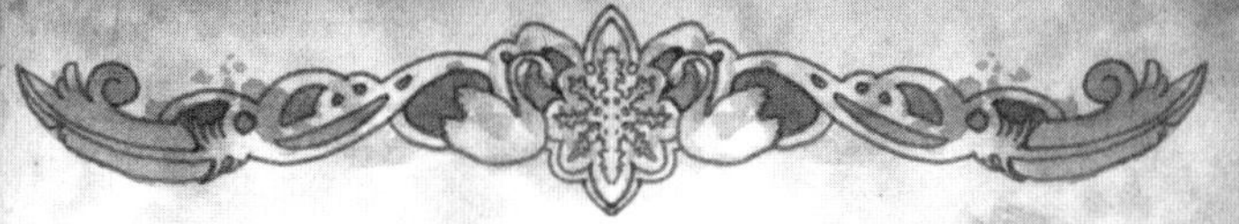

Die Eisrose von Jarlak

Zu den göttlichen Wundern zählt die Blume aus Eis. Die Rose bringt keinen Frost, sondern eine angenehme Frische. Ihren Blüten ist ein weißblaues Leuchten zu Eigen und der Duft gleicht einem zarten Wintermorgen. Erstmals sah man sie im Boron 1020 BF im bornischen Dörfchen Jarlak. Lass mich die wichtigen Ereignisse dieser Ära kurz beschreiben, um die Bedeutung des Geschenks einzuordnen:

Es war eine trostlose Zeit. Einige Monde zuvor, im Firun 1019 BF, hatte die Eishexe Glorana die Herrschaft über Paavi an sich gerissen. Wenig später schändete ein Anhänger Borbarads den Firuntempel in Bjaldorn und zerstörte dessen Kuppel aus Eis. Daraufhin erblühte die Rose unter dem Winterbold, zwölf Tage nach dem ersten Schnee. Sie war das ersehnte Zeichen der Hoffnung gegen die Schergen und deren Dämonen. Mit dem Schwinden der weißen Winterpracht schmolz ebenso die eisige Blüte, was sich jährlich wiederholte. Einige Götterläufe sollten vergehen, bis Nidaria Schwanenflug Ifirns Gabe nach Norburg brachte. Mit Hilfe des Talismans vermochte sie dort den Tempel der Schwanengleichen im Travia 1029 BF zu weihen, worauf sie lange dort verweilte. Ab dem folgenden Jahr überdauerte die Rose selbst den Sommer. Dies war ein Symbol der zunehmenden Kraft der Milden. Der ewige Schockfrost der Eiszauberin schwand und zog sich zurück. So schenkte der göttliche Talisman 1031 BF dem Kristallpalast samt Gewölbe ein neues Leben im Namen Ifirns. Sieben Götterläufe später erschien die Rose überraschend auf dem Altar der Freistadt

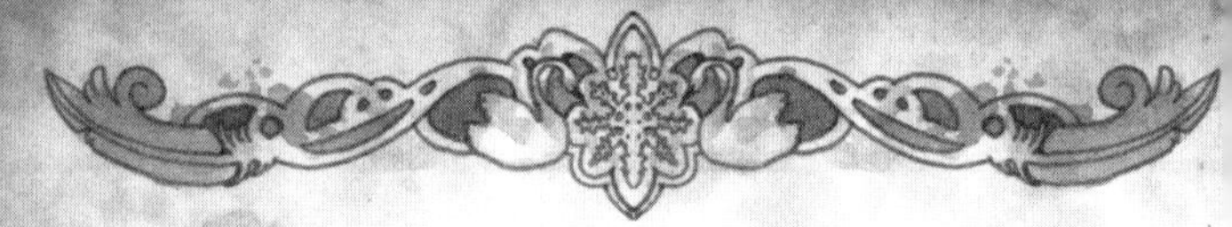

Bjaldorn, im erwachten Herz der Kirche. In der Halle des Kristalls liegt das neue Zentrum der Ifirnkirche, und das Wappen der Freistadt zeigt stolz Schwan und Rose.

Doch dies ist nicht alles. Nach der Befreiung Tobriens und dem Fall des dortigen Heptarchen beglückte uns die Hoffnungsspendende erneut mit ihrer Gunst. Die Schwanenmutter Walbirg von Löwenhaupt wählte jüngst Firunsbrunn aus, um das Haus der Zuversicht zu öffnen. Auf diese Weise besuchte die Eisrose aus Bjaldorn das Herzogtum und spendete dem Tempel aus Birkenholz ihren Segen. Wohlige Wärme stieg auf und verbreitete sich überall, bis tief hinein in unsere Herzen. Die Epoche der schrecklichen Kälte neigt sich dem Ende zu. Ifirns Blume lässt sogar dämonisches Eis zerfließen und bringt uns den strahlenden Frühling.

Der Heilige Eiskristall

Die Grimfirns-Halla in Olport ist die Heimat dieses Haupttalismans unserer Kirche. Das eckige Gebäude aus Weißföhren ist ein Tempel der Göttin und ihres strengen Vaters, der schon einige bekannte Gäste wie Phileasson Foggwulf willkommen hieß. Die geschmückten Holzwände zeigen Bilder von Firun und seiner Jagdgesellschaft, welche gegen Kreaturen der Finsternis streiten. Auffällig ist ein Mosaik aus Kristallen mit einem Abbild Ifirns: Es stellt eine Frau mit wallendem weißem Haar auf einem silbernen Schlitten dar, gezogen von vier Schwänen.

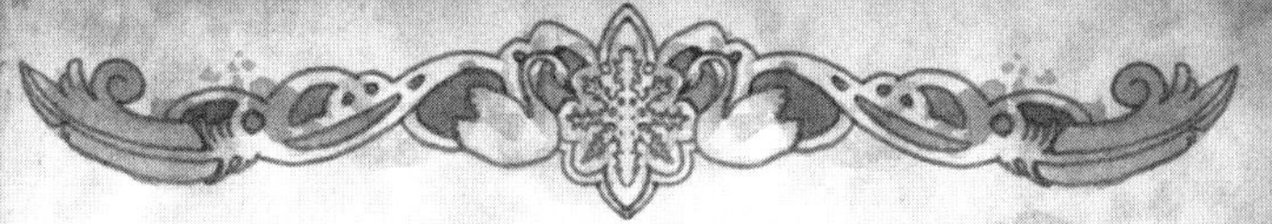

Eine Krone ziert das Haupt der Wintertochter, an deren Spitze ihr großer Heiliger Eiskristall erstrahlt.
Was hat es mit diesem auf sich? Wie die Eisrose überdauert dieser Kristall den Sommer und gibt ein blaues Licht von sich. Jenes hat die Himmlische mit einer Wärme geschaffen, die einen Erfrierenden zu retten vermag. Um die Gabe besser zu verstehen, erläutere ich kurz die Gefahr von außerordentlichem Frostwetter für die Gesundheit:
Bricht eine Reisende durch die Eisdecke in einen See, kühlt ihr Körper schnell aus. Das Opfer einer Lawine oder eines Absturzes in eine Gletscherspalte ist ebenso lange der Kälte ausgesetzt. Häufig unterschätzt man den Odem des Windes, der die gefühlte Kälte deutlich verstärkt. Bei zu wenig Vorsicht sind Gesicht, Hände und Füße schlechter geschützt. Zu enge oder feuchte Kleidung ist ebenso zu vermeiden.
Der Heilige Eiskristall wärmt den Körper, aber nicht nur ihn allein. Mit dem gesegneten Stein vermagst du gar eine kleinere Höhle zu erwärmen, wenn du Schutz für zusätzliche Reisende brauchst. Ifirn unterstützt mit ihm die Gemeinschaft. Die göttliche Kraft hilft darüber hinaus: Manchen wird in Eisgebieten schummrig, wie bei übermäßigem Genuss von Alkohol. Andere sind völlig verängstigt, da sie sich dem Tod nahe sehen. Der Eiskristall stärkt auch den Geist, sodass die Betroffenen wieder zu Sinnen kommen. Sein Leuchten vertreibt die lähmende Furcht und dies ist wichtig, da Zeit das kostbare Gut jeder Rettung ist. Aus diesem Grund verbreitet die Kirche diese Kunde; wir Geweihten sind froh, die Wirkung und Hilfe dieses Talismans zu kennen.

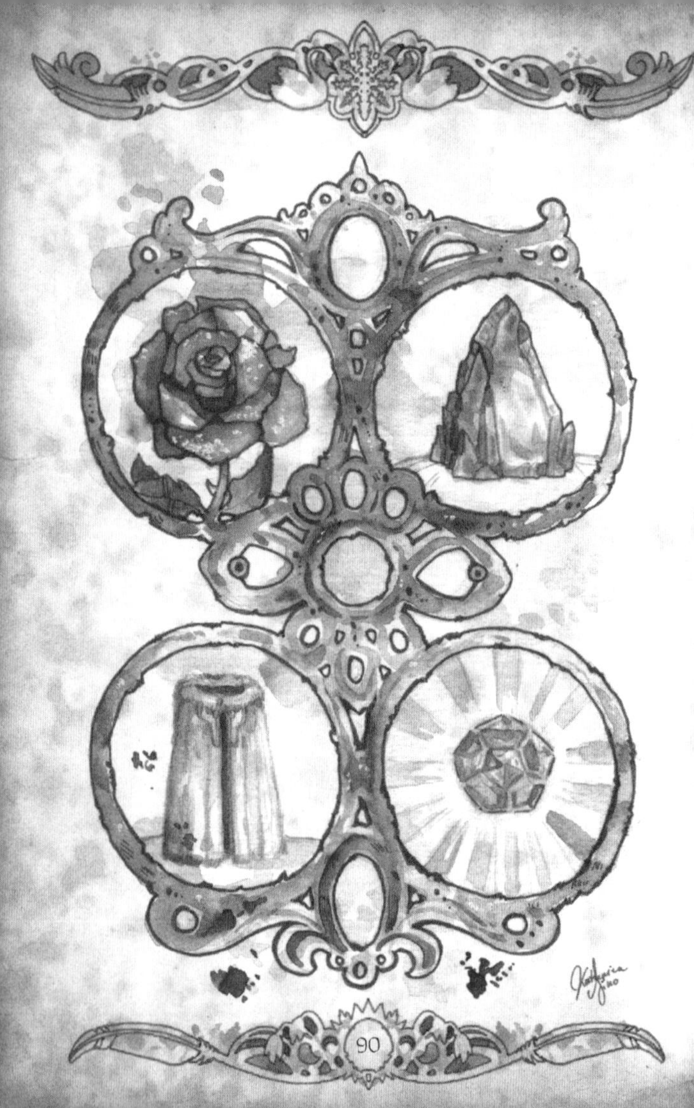

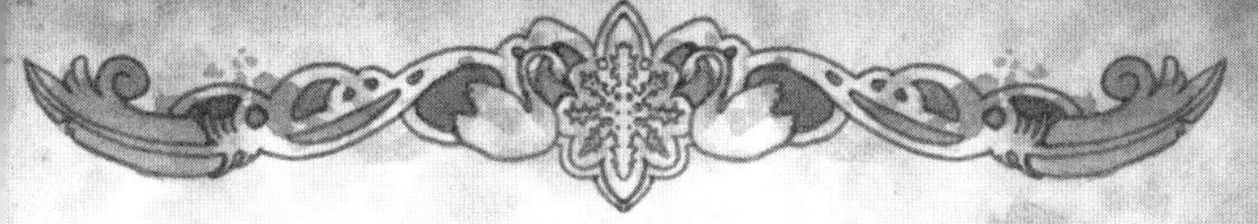

Der Ifirnsmantel

Jede Dienerin der Milden trägt das gleichnamige Kleidungsstück für Zeremonien bei sich, meist gefertigt aus weißem Fell in weitem, umschmeichelndem Schnitt und mit einer Kapuze versehen. Warum ist ausgerechnet ein Mantel so wichtig für die Kirche der Mittlerin und was macht ihn so unvergleichlich?
Die Antwort ist schnell gefunden: Er hält auf Reisen schützend warm. Die letzten beiden Worte sind dabei bedeutsam: Der Schutz steht für den Aspekt Hilfe, der unsere Gemeinschaft zusammenhält; die Wärme gehört zu den uralten Symbolen des Zwischenmenschlichen. Schwere, weiche Stoffe spenden Geborgenheit und Sicherheit für die Bedürftigen und Notleidenden. Einem Frierenden legt man einen Mantel um, schlafende Kinder deckt man mit einer Decke zu. So schenkt uns die Göttin ihre Daunen, um uns und die uns Anvertrauten zu behüten.
Das Umlegen des Mantels hat aber noch weitere Bedeutungen: Zwischen zwei Menschen bestehen häufig Grenzen in Form von Standesunterschieden oder Differenzen kultureller Natur. Durch das Teilen des Mantels überwinden wir diese Schranken und werden eine Gemeinschaft, was der Wintertochter wohlgefällig ist.
Der wertvolle Mantel hat nichts mit Wohlstand oder Überfluss zu tun. Für uns Ifirnsdienerinnen liegt die dringliche Unterstützung im Vordergrund, ein Zeichen des bedingungslosen Miteinanders und der Freundschaft, der inneren Wärme.

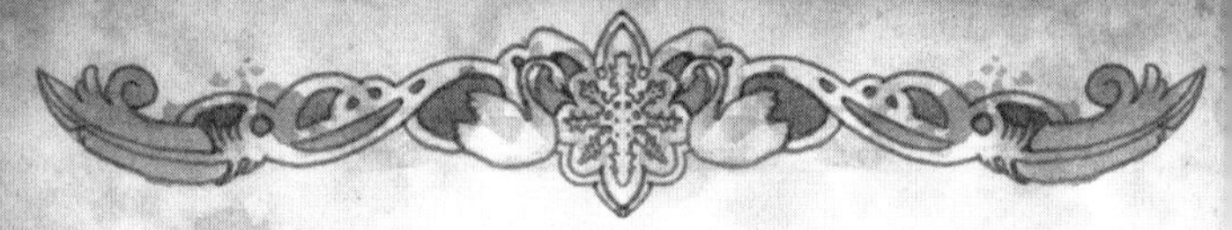

Der Norden hält Winter und Frost bereit, denn nur so erneuert sich die Natur, doch beides ist auch gefährlich. Diese äußeren Gefahren zu überwinden, vermag der Mantel ebenso. Er symbolisiert den Wert von Kleidung, die wir gegen die Kälte anfertigen. Der kluge Reisende bereitet sich vor und ahnt, welche Fährnis droht. In kühler Nacht vermag der Mantel eine zusätzliche Decke zu sein, oder ein Tuchbeutel, falls Ausrüstung transportiert werden muss und kein anderes Behältnis zur Verfügung steht. Breite den Mantel vor Tieren und Menschen aus, als Symbol des Friedens sowie der Einladung. All diese Bilder sind Teil deines persönlichen Ritualgegenstands, unabhängig vom gewählten Pfad.

Unter den Firungeweihten gibt es Vertreter, welche den Gedanken des barmherzigen Kleidungsstücks missbilligen. Die Natur sehen sie als Wettbewerb, der durch den Mantel verzerrt wird. Doch jedes Kind weiß um die Wichtigkeit von Hilfe, daher bin ich überzeugt, dass Zuwendung der rechte Weg zur gegenseitigen Verständigung ist.

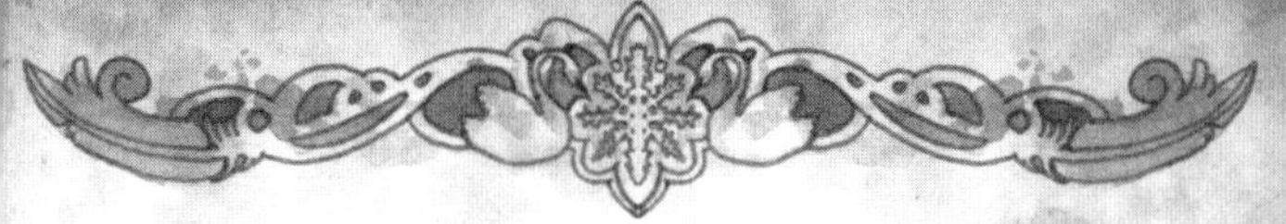

Der Polardiamant

»Rukus war ein freundlicher Geselle, im Gegensatz zu seinem Volk, den misstrauischen wilden Zwergen. So haderte er mit dem Schicksal der Gefangenen, die in den tiefen Stollen nach Erzen graben mussten. Er sammelte Gold und Edelsteine aus verwinkelten Gängen für ihre Befreiung. Eines Tages nahm er ebenso einen kleinen Goldklumpen eines Freundes an sich, doch dieser bemerkte den Diebstahl. Vor den König geschleift und ausgestoßen, suchte er mit Tränen in den Augen seinen Weg an die Oberfläche. Ifirn hatte Erbarmen angesichts seiner guten Absichten. In einem uralten Schacht stolperte der Unglückliche, zeterte gegen sein Schicksal und seinen getrübten Blick. Nach dem Trocknen seiner Tränen erkannte er zu seinen Füßen einen ungeschliffenen Diamanten, fast einen Kopf groß. Mit diesem Geschenk kehrte er zurück, und der Herrscher Fafka, Sohn des Dafka, akzeptierte den Stein und nahm Rukus wieder in die Gemeinschaft auf.

Das Juwel schliff die Majestät selbst, mehrere Jahre lang arbeitete Fafka, Sohn des Dafka, ununterbrochen daran. Nach der Fertigstellung strahlte der gesamte Thronraum im Lichte des Edelsteins, welcher den Namen Agam Bragab erhielt, der Leuchtapfel. Doch der Milden missfiel die entfesselte Gier des Anführers. So erschien sie höchstselbst in der Gestalt einer Zwergin und suchte ihn zu einem Gespräch auf, als Fryna Wintertochter. Fafka erblickte das strahlende Antlitz der unerkannten Göttin und sein Herz brodelte vor Liebe wie ein Vulkan. Doch die Fleischgewordene wies den Werbenden ab. In blinder Leidenschaft bot er ihr sein gesamtes Volk und sein kostbarstes Kleinod an, den Diamanten. Diesen nahm sie an sich und offenbarte sich dem König. Da die Himmlische nicht

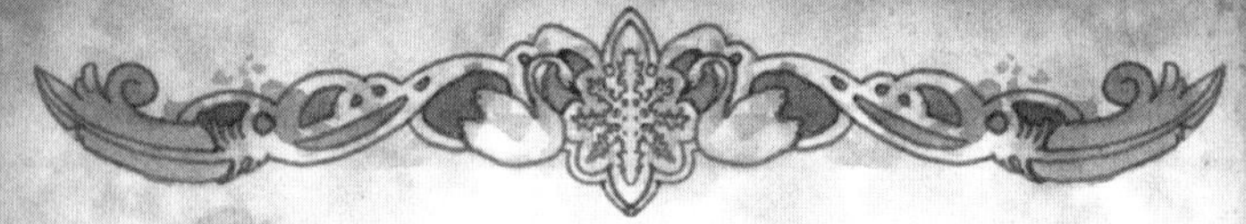

bei ihm verweilen konnte, platzierte sie den Brillanten am Himmel. Dort soll er Fafka und allen anderen in Erinnerung sein, um den rechten Weg zu finden.«

—Sage vom Agam Bragab, erzählt von Prospektoren der Nordwalser Höhen, 1025 BF

Die Kundigen kennen die neue Gestalt des Diamanten als Polar- oder Nordstern. Gelehrte benennen ihn ebenso als Gestirn des Los. In der Kirche der Schwanengleichen sprechen wir vom Ifirnslicht. Am Firmament ist er der hellste der Himmelskörper. Da er durch die Kraft der Wintergöttin am Ort verbleibt, weist er stets in die Richtung Firuns und schenkt uns Hoffnung. Die Sternkundigen deuten in ihm den inneren Wert und die Selbsterkenntnis. Getrennte Liebende soll er zusammenführen, wenn sie im gleichen Augenblick auf das Licht schauen und einander gedenken.

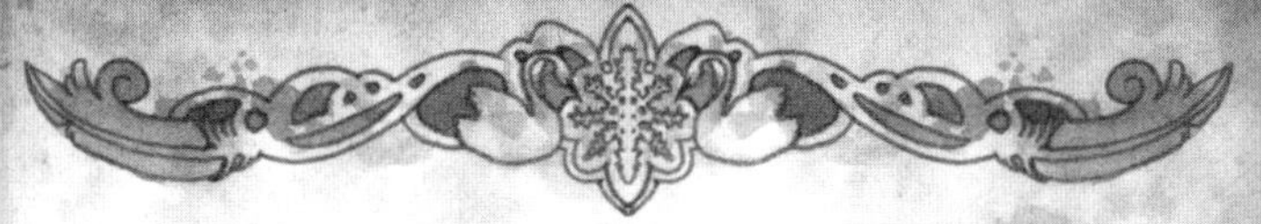

Die Schwanenschwingen

Im Bornland erzählt man die Legende der Geflügelten. Im äußersten Norden suchte der Graue König, Eisbart genannt, vor Urzeiten eine Gemahlin. Verheiratet kehrte er mit seiner Liebsten heim. Doch sein zaubermächtiger Vater entführte die Braut und bannte sie in einem hohen Turm auf einem steilen Berg, bewacht von einem schrecklichen Ungeheuer. So zogen viele tapfere Streiter aus, um die Frau zu erlösen. Da alle am Gipfel scheiterten, suchten drei kluge Rittersleute Flügel. Eines dieser drei Flügelpaare sind die berühmten Schwanenflügel, welche Jurgew von Fedesund von Ifirn erhalten haben soll.
Vor knapp 200 Jahren entdeckte man die Artefakte wieder. 32 Gefolgsleute wählten die Finder für das Tragen von Nachbildungen aus. Die sogenannten Geflügelten berichten von einer Verbindung und Zuversicht unter dem Kommando ihrer Flügelherrin. Zusätzlich sind die Sinne des Anführers schärfer als üblich. Im Kampf gegen Borbarad wurden die Schwanenschwingen nahezu zerstört. Die Reste sind derzeit im Besitz der Familie von Notmark. In den Sagen ist unsere Herrin die Schöpferin dieses Talismans, wenngleich manche Eingeweihte den Flügeln magische Eigenschaften zuschreiben, die nicht von den Alveraniern und ihren Kindern stammen sollen. Ob die Flügel jemals zu neuer Blüte gelangen werden, kann wohl nur die Sanfte beantworten.

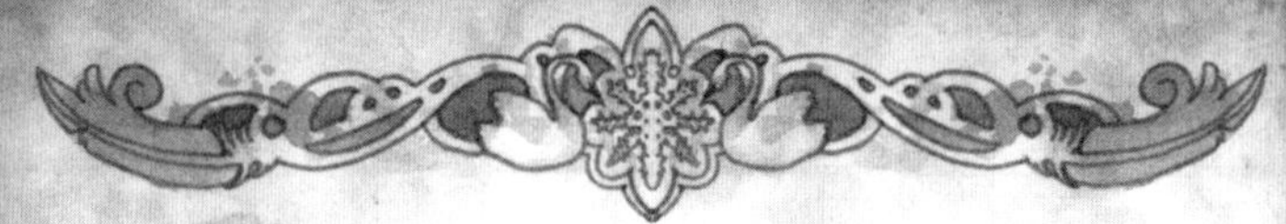

Hier magst du von eigener Hand ergänzen

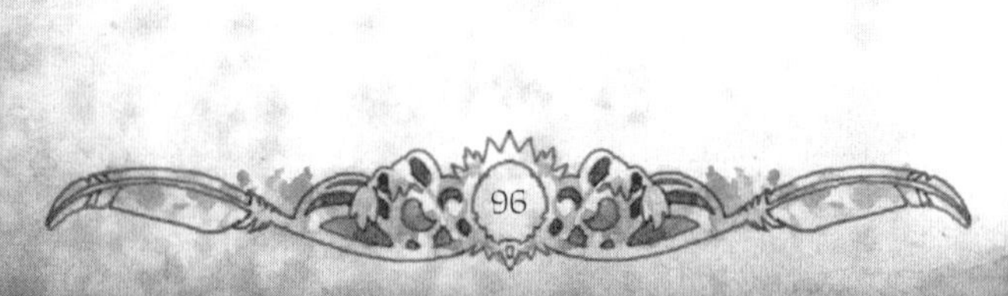

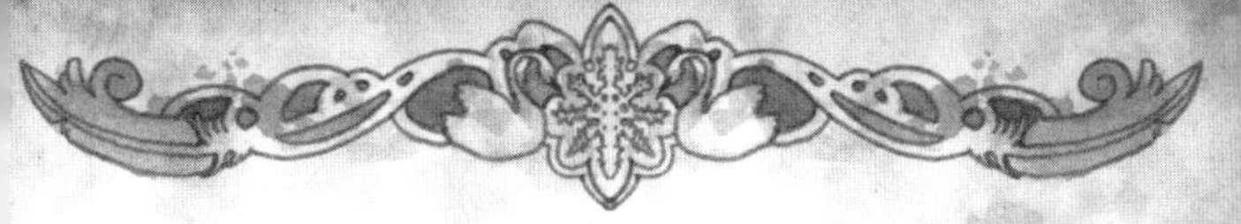

VII

Der Weg zu Ifirn

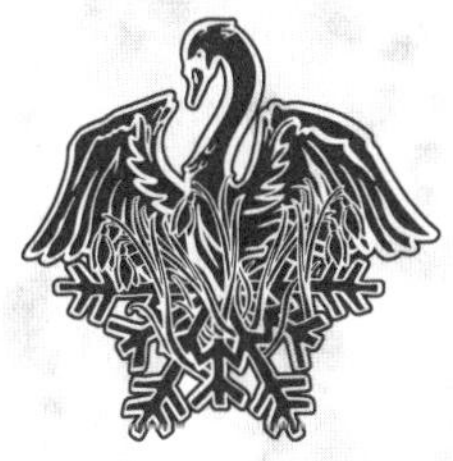

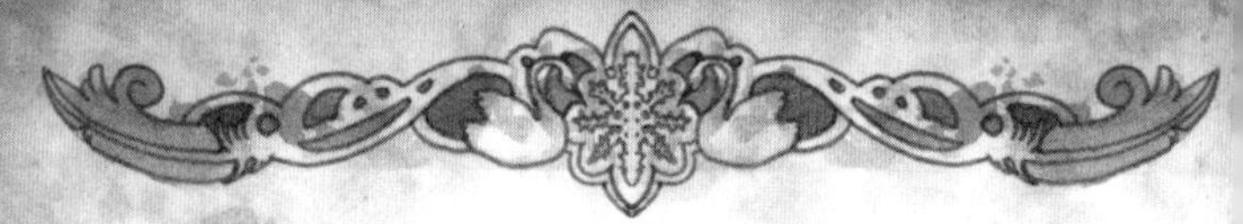

Hingabe und Zusammenkommen

»Am Waldrand saß eine Schar Kinder auf einer Decke vor einer Dienerin der Schwanengleichen. Sie hatte Einbeeren und Wirselkraut zum Zeigen in der linken Hand. ›Wenn ich groß bin, werde ich wie du‹, sagte Saria laut.
›Hast du eine Idee, was für Ifirns Berufung wichtig ist?‹
›Man muss Schnee und den Bogen mögen‹.
›Stimmt, noch etwas?‹
›Andere gernhaben und mit ihnen kuscheln‹, ergänzte Anshag leise.
›Ihr habt das Wesentliche erkannt. Die Göttin liebt die Menschen und hilft uns. Daher sprechen wir heute über Heilpflanzen.‹ Ila lächelte und erinnerte sich an ihre eigenen Fragen vor vielen Götterläufen.«
—aus den Aufzeichnungen der jungen Geweihten Ila, Weiden, 1042 BF

Die Leidenschaft für Ifirn ist bereits eine Reise an sich. Was kommt in dein Gepäck, welche Route wirst du nehmen? Sind Wegmarken zu beachten? Wie bereitet man sich vor? Das Vernehmen der göttlichen Stimme ist sehr persönlich, was ein gewisses Maß an Offenheit erfordert. Ich stelle mir dazu Musiker vor, die verschiedene Lieder spielen. Die tragende Weise beschreibt die Geschichte des Lebens, Stärken, Schwächen sowie Erfahrungen. In der bewegenden Melodie sind Wünsche und Sehnsüchte verborgen. Was treibt den Berufenen an und was sind seine Ideale? Der fordernde Klang ruft auf, wenn Menschen in Not sind. Daraus mögen Legenden entstehen oder, von nicht geringerer Bedeutung, Gespräche, die eine Tür im

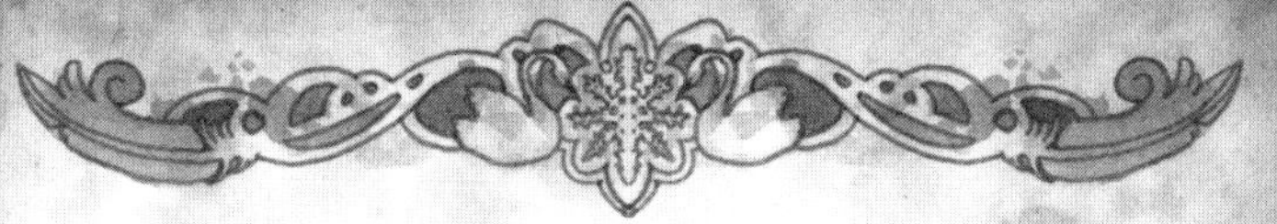

Inneren öffnen. Stell dir vor, dass diese Musikanten ihre Töne gemeinsam und harmonisch spielen sollen.
Es bedarf Arbeit und Durchhaltevermögen, alle Teile in Einklang zu bringen. Eine Weihe ist Wahl und zugleich Lebensentscheidung. Vor der Entscheidung sollte man der Melodie lauschen, was durchaus Zeit erfordert. Diesen Raum erhält man als Novizin, die einige auch Schwanenschülerin nennen.

Grundlegend ist der Sanften kein gesellschaftlicher Stand fremd. Ein Kandidat ist dazu angehalten, sich selbst im Kontext einer Gruppe zu betrachten und über seine Position und seine Gefühle in eben jener nachzudenken. Hat er Rachegedanken oder fühlt er sich erhaben? Dann muss er das Teilen und das Selbstlose umso stärker verinnerlichen. Besinnung und das Spiegeln bestimmter Verhaltensmuster können solche Hindernisse überwinden und für Harmonie in der Gruppe sorgen. Die Prinzipien der Hilfe und Natur klingen auf Anhieb simpel, doch es bedarf Stärke und Offenheit, um einem Leben auf dem Pfad der Schwanengleichen gewachsen zu sein, wobei dieser ganz unterschiedlich aussehen kann. Tägliches Reflektieren und Gebet können den Schüler auf seinem Weg leiten.

Anhänger Nidaris beherzigen die Jagd und die Gesetze. Das Beobachten des Tierbestands gehört als Teil der Hege zu ihren Aufgaben. Regelmäßige Rundgänge in der Wildnis schärfen den Blick für erkrankte Tiere oder Seuchen. Ebenso beugen

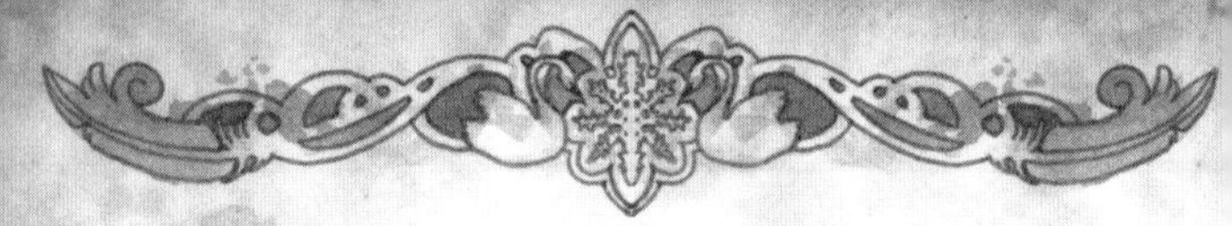

sie Wildschäden im Wald vor und beaufsichtigen die Lebensräume. Dabei kommen sie mit Adligen, Jägern und dem Volk ins Gespräch, denn das Einhalten der Prinzipien sichert die Natur und Nahrung.

Der Weg Yidaris führt zuweilen in einsame Gefilde, wo die Wehen des Eises fegen und fauchen. Die Patronin der Bogenkunst lehrt uns das Gleichgewicht der Gedanken. Eine tägliche Zeit der Stille und das Leben in Eiswüsten stärken den Willen und die Konzentration. Fast unsichtbar bewegen ihre Anhängerinnen sich zwischen den schneebedeckten Tannen und Frostmassen. Dabei räumen sie verschneite Wege frei, suchen belastbares Eis auf Flüssen und Seen und erklimmen hohe Berge. Dort liegen ihnen die Vögel und Gebirgsböcke am Herzen. Die Menschen in den Tälern profitieren ebenso, da sie Lawinen frühzeitig auslösen oder gar verhindern.

Lotsen folgen dem Pfad der dritten Tochter. Legt sich die Dunkelheit des Winterabends über die riesigen Gipfel, freut sich jeder über einen Schützling Lidaris an seiner Seite. Er führt die Reisenden am knackenden Eis vorbei zu einem sicheren Unterschlupf, wo er ein warmes Feuer vorbereitet und Geschichten von wilden Tieren erzählt. Der Sternenhimmel und die Landmarken bilden seinen Kompass. Selbst nach einem anstrengenden Tag bringt er uns zum Lachen oder mit Musik zum Schwelgen.

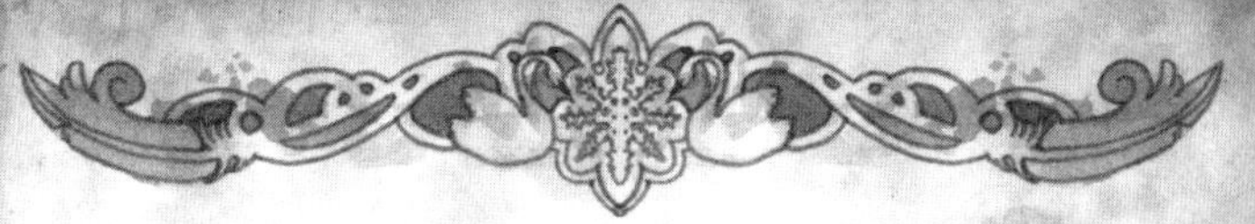

Die Jünger Aidaris zieht es zu Quellen, Flüssen und Seen. Zwar prüfen sie auch, ob das Eis begehbar ist, doch mehr noch liegen ihnen andere Arten der Fortbewegung am Herzen. Mit dem Boot geleiten sie uns an andere Ufer, vorbei an Stromschnellen und Klippen. Vor dem Frühling gilt ihr Augenmerk der Eisschmelze, wonach sie Vorkehrungen gegen das Hochwasser treffen. Ausreichend Wasserstellen für die Schafe und Wild zu sichern, ist ebenso ihre Aufgabe. Wie fürsorgliche Schwaneneltern kümmern sie sich um notleidende Anwohner oder vermitteln bei Streitigkeiten.

Wer Ifirns Licht annimmt, hat gewiss etwas von allen Töchtern in sich. Sie schenken Halt und Freiheit zugleich. Hat ein Novize einen Entschluss gefasst, kann er den Sprung aus dem Nest wagen. Zügig wird er feststellen, ob es ihn glücklich macht. Eine Entscheidung ist ein Abschied vom Alten und der Beginn des Neuen, wie ein Übergang des Winters zum Frühling. Das innere Glück lässt die Freude wachsen und den eingeschlagenen Pfad gestärkt verfolgen.

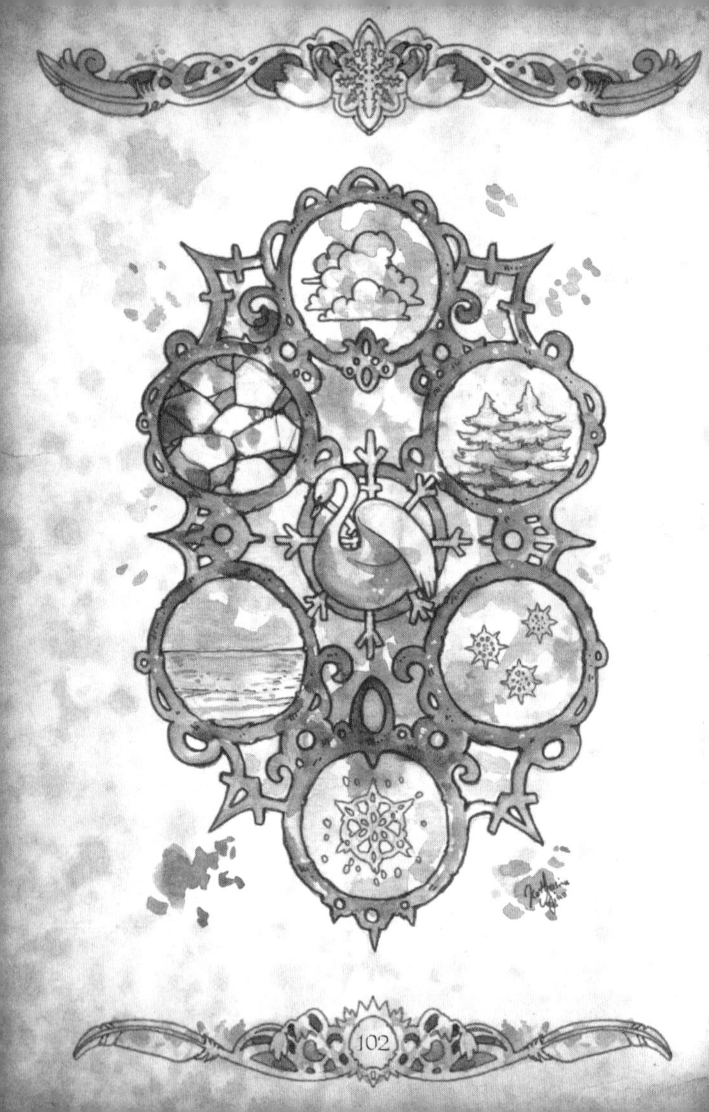

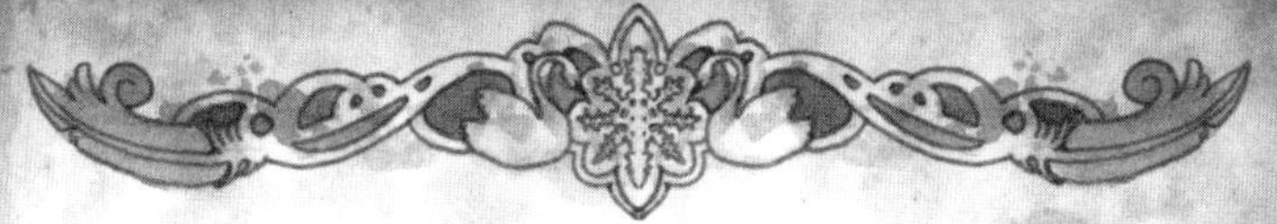

Begeisterung – Die Weihe

»Pflanzenkunde, Geschichten sowie Wissen zu Göttern und Kulten lernte ich, doch am meisten über mich. Nidari beantwortete Fragen zu Gesetzen. Ihre Schwester Lidari brachte mir Lieder nebst Entspannung beim Gesang. Aidaris Fürsorge half mit neuen Freunden. Mein Selbst schenkte mir Yidari. Nie kannte ich den Drang zur Einsamkeit – im Gegenteil. Seit dem Noviziat war die Furcht davor gewachsen. Was hatte die lange Einöde im ewigen Eis mit Berufung und Hilfe zu tun? Zu der Zeit regierte die Unsicherheit über meinen Werdegang und die Zukunft. War es nicht egal, wenn ich doch nur ein Geweihter Ifirns würde? Trotz anfänglicher Zweifel trat ich das Erlebnis an. Eigenartig, es gab nur noch mich. Das Loslassen erhielt erstmals Lebensatem. Eine unvergessliche Zeit.«
—Erzählung über den Weg zu seinem Silberschwan, Wulfen von Irberod, Festum, 1033 BF

Kennst du den frostigen Wind, der die Schneeflocken stöhnend und ächzend vor sich hertreibt? Er ist so wild, dass die Vögel zum Schutz ihren Kopf unter den Flügeln verbergen. Nach dem Sturm kommt die Stille, ein neuer Anfang. Solch ein Erlebnis erfährt die Auserwählte, wenn Ifirn ihr von ihrer Kraft schenkt. Meistens künden die Sterne, andernfalls Eiskristalle, an, wann die Zeit gekommen ist. Zuweilen sehen es die Lehrmeister und in einigen Fällen die Schüler selbst, oftmals sogar beide.
Als angehende Geweihte folgst du dem Silberschwan deiner Wahl in den Wald, die Berge, das Eis oder zum See. Dort hält

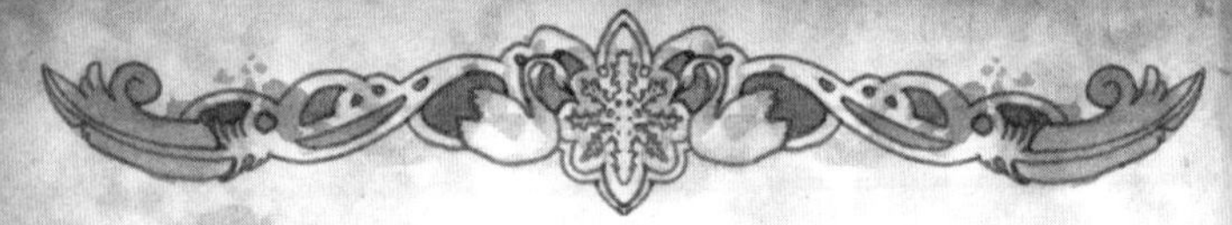

Ifirn eine Prüfung für dich bereit, welche körperlicher oder geistiger Art sein kann. Manche müssen in den Gipfeln eine Lawine verhindern. Andere treffen auf Reisende, die einen Vermissten suchen. Verletzte Tiere sind zu heilen und eigene Ängste zu überwinden. Die baldige Geweihte vermag hiermit, das Gelernte anzuwenden und sich in den Dienst der Göttin zu stellen.

Deine wichtigste Frage dabei ist stets nach außen gerichtet: Was braucht der andere? Einige Anhänger berichten, dass sie im Anschluss völlig ermattet zu Boden sanken. Geistig schwebten sie aber zum Polarstern empor und nahmen Ifirns Licht in sich auf. Bei einem Freund verwandelten sich in seiner Wahrnehmung die Arme in Flügel, die ihn davontrugen. Dies bezeugt: Der selbstständige Wunsch zur Hilfe ist erwacht, die Rettung und das eigene Glücksgefühl sind unser inspirierender Dank.

Freude - Begrüßung des Frühlings

»Der Winter ist fort, das Leben kehrt zurück. Amseln und Schwalben stimmen ihren Gesang an, welcher zu den schönsten im Kreislauf gehört. Knospen und Blüten lugen aus dem Erdreich hervor. Das saftige Grün wächst aus dem Schoß der Erde empor und verdrängt die weiße Decke. Die von Ifirn geschenkte Lebenskraft gedeiht und ist in deinem Umfeld spürbar. Jetzt ist es an uns, zuzuhören und zu erleben, damit wir diese Stärke nutzen. Verjagt die Dunkelheit und Starre aus eurem Bewusstsein, der Frühlingsputz gilt ebenso euch selbst. Welche

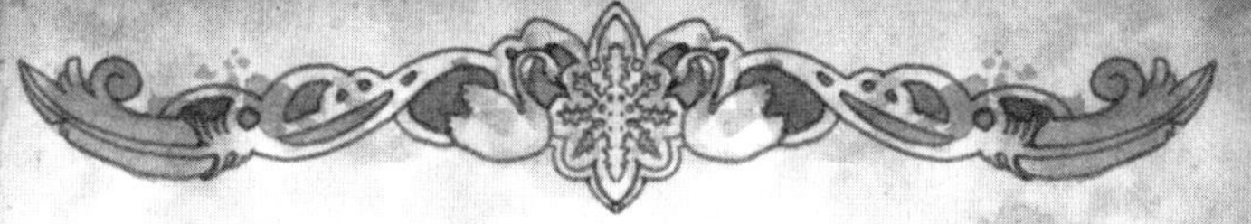

Gedanken haben dich in der Winterzeit beschäftigt? Was wolltest du angehen? Spring auf den wachsenden Zweig des Baumes auf. Mit Mut und Ausdauer ist alles zu schaffen.«
—gehört auf einer Frühlingsfeier in den Streitenden Königreichen, Andergast, 1036 BF

Endlich Frühlingserwachen. Was verstehen wir darunter? Bedeutet das Erwachen, dass die Menschen im Winter schlafen? Nicht ganz, jedoch ist der Winter eine Zeit der Ruhe und Einkehr, während der Frühling Wonne und Tatkraft in den Menschen weckt. Die schöpfende Energie steckt an, wie das Konzert der Singvögel und das Farbenspiel der Blüten. Diese Freude kommt von Ifirn, denn sie belebt die Natur und auch uns. Diese Begeisterung sollen wir wertschätzen und nutzen, denn bei einigen vergeht sie schnell wie ein Windhauch.

Auf göttliche Weise besänftigt Ifirn den grimmigen Vater, seinen kalten Odem wandelt sie zu tänzelndem Atem, und so leitet die Gütige jeden an, das letzte Eis schmelzen zu lassen und voller Tatendrang voranzugehen. Wir Geweihte können die eigene Herzlichkeit über Freundlichkeit, tatkräftiges Anpacken und göttergefällige Taten ausdrücken. In der Natur unterstützen alle Schwanenfreunde das Wachstum von Flora und Fauna. Mit Gläubigen feiern wir den neuen Keim und Anfang, frei oder in Zeremonien. Diese schaffen Nähe und ein Gefühl gegenseitiger Zuneigung. Lasse dein Lächeln Freude verbreiten, nachdem das Schneetreiben des

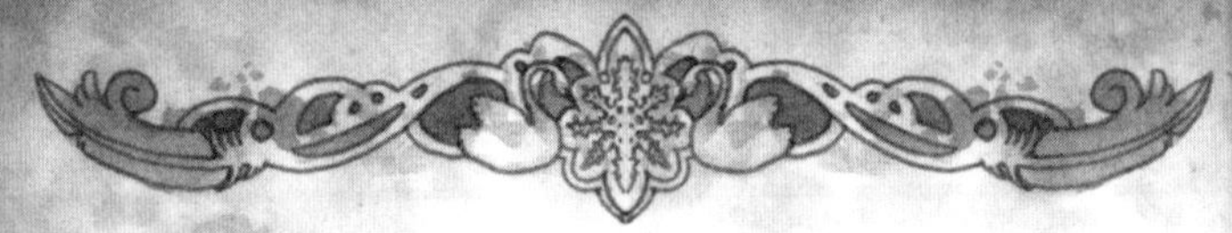

Winters vergangen ist. Sei anderen ein Vorbild und Ansporn, die Ruhe des Winters abzulegen und die Energie des neuerwachten Frühlings zu nutzen.

Wärme - Schutz im Winter

»Vor einer turmhohen Tanne spiegelte sich das Axtblatt einer Mittzwanzigerin in der Sonne. Neben ihr setzte sich ein hagerer Mann in heller Jagdkleidung auf einen frisch geschlagenen Stamm.
›Ich will den Winter nicht. Der Frost tötet alles‹, sprach sie.
›Stimmt, in der kalten Jahreszeit zieht sich das Leben zurück. Weißt du, was dir Furcht bereitet?‹
›Sicher. Ich brauche genug zu essen und Geld, um es mir zu kaufen.‹
›Ja, doch der Winter kündigt sich doch vorher an.‹
›Was willst du überhaupt?‹ Ihre kräftige Faust spannte sich an.
›Dir einen Rat geben: Suche zu dieser Zeit auch die Nähe deines Dorfes und der Gemeinschaft. Im Winter ist es nicht der Wille der Göttin, dass du pausenlos arbeitest und dabei allein im Wald verweilst.‹ Sein Körper erhob sich dabei absichtlich zur vollen Größe und die flirrenden Blicke der Holzfällerin verhießen ungewollte Zustimmung.«
—ein Gespräch über die Kälte mit der Waldarbeiterin Xindra, Tobrien, 1040 BF

Wenn der Wind die letzten goldenen Blätter von den Bäumen trägt und die Nächte länger werden, steht der Winter an. Viele verbinden mit diesem Abschnitt des Götterlaufs unangenehme

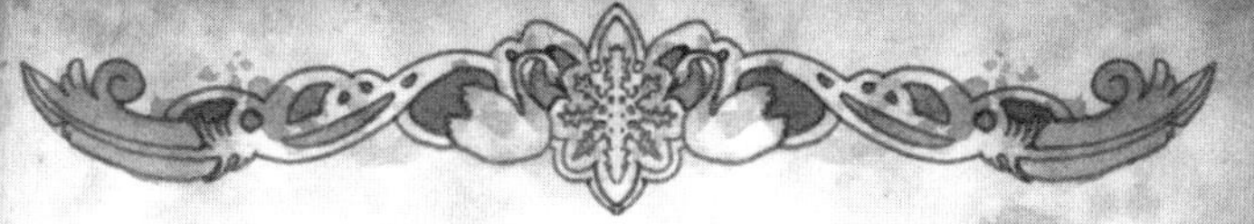

Empfindungen: Kälte, Hunger, Einsamkeit, Traurigkeit und Tod. Nach dem Ende des Herbstes erstarrt alles, der Bär legt sich zur Ruhe und die Bienen suchen Schutz in Holzspalten. All das wirkt sich auf das Gemüt der Menschen aus und in jedem Winter empfinden wir so. Genau deshalb schickt die Mittlerin uns, wir sind ihr Werkzeug. Man kann sich auf den Winter vorbereiten, wie die Eichhörnchen es vorleben.

Wir Dienerinnen der Sanften unterstützen bei der Suche nach Nahrung ebenso wie beim Reparieren der Hütte und dicker Kleidung. Ifirnsjünger begleiten im Norden einsame Reisende oder helfen bei der Jagd. Der äußeren Kälte begegnen wir mit wärmenden Feuern. Wir speisen die Bedürftigen mit einer heißen Suppe und achten auf das Zwischenmenschliche, das im Winter wichtiger ist als je zuvor. Fehlt jemandem auf Reisen ein Heim, führen unsere Geschwister ihn zu einer Zuflucht. Gemeinsam teilen wir die Daunen und wärmen uns gegenseitig, errichten ein schützendes Nest.
Ohne Miteinander gibt es keinen Sieg über den Frost. Die kalte Jahreszeit ist auch Gelegenheit zur Erholung. Unser heilkundiges Wissen ist sowohl für körperliche als auch für seelische Gebrechen von Bedeutung. Meist hat ein jeder etwas zu verarbeiten, und das Seelenhaus will gereinigt und winterfest gemacht werden, denn das schaffe Platz für das Neue, sagte meine Ausbilderin.

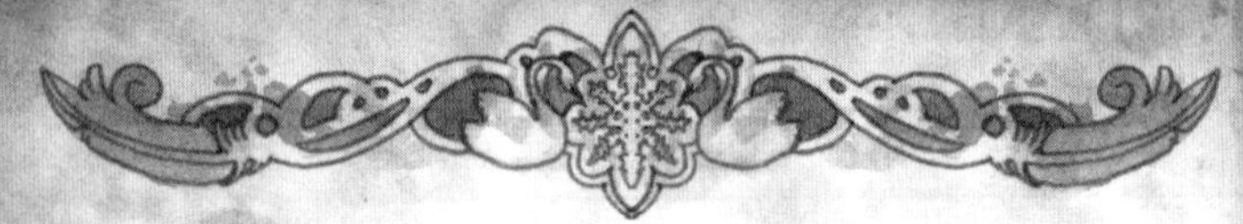

Strahlen - Hoffnung in der Dunkelheit

»Ich betrat ein Dorf im äußersten Norden. Die Zeit der heftigen Schneestürme hatten sie überstanden, ich wähnte die Bedrohung bereits vorüber. Doch diese Annahme erwies sich als falsch. Solcher Grausam- und Unerbittlichkeit war ich bis dahin nie ansichtig geworden. Um ein Stück Fleisch schlugen sich zwei, bis einer blutend zu Boden ging, dem Tode nahe. Je länger ich dort weilte, desto mehr stellte sich heraus, dass sie alle der Eisige Hauch ereilt hatte, verflucht mit Eisherzen.«
—Von den Gefahren des Eisreichs, 1. Auflage, Paavi, 1041 BF

Die Finsternis bereitet Furcht, denn unsere Augen können sie nicht durchdringen. Aus diesem Grund ist die Dunkelheit ein Sinnbild für tiefergehende Sorgen. Jeder kennt die geistige Umnachtung, wenn jemand die üblichen Pfade verlassen hat. Manche Menschen haben hautnah mit der Düsternis zu kämpfen: Wind und Wetter bedrohen die Existenz oder eine schwere Krankheit zehrt sie aus. Einige leben auf der Flucht beziehungsweise schweben in Todesgefahr. Dann gibt es jene, die sich vom Hellen abwenden und das Dunkle wählen. Der Hoffnung und dem Frieden trauen sie nicht, das Gute überfordert sie.

Sei dir gewiss, dass dein inneres Licht nicht alle retten kann. Es gibt jene, die sich vollends gegen die Zwölfe wenden. Jene dienen den Dämonen, andernfalls dem Gott ohne Namen. Sie folgen den Hinterlassenschaften der Eishexe und den Verlockungen der Kalten Braut. Das Ifirnsrudel hat sich ihre Verfolgung

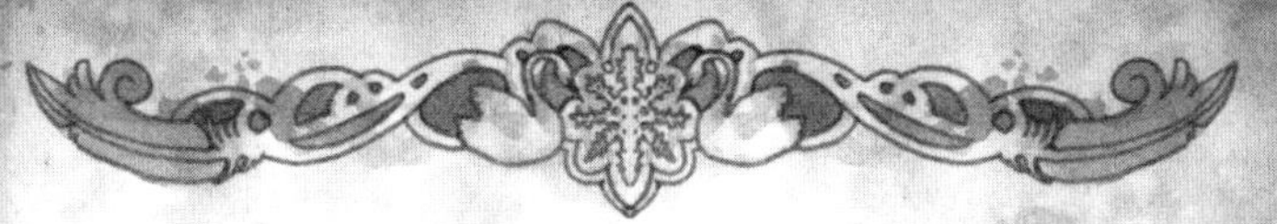

zum Ziel gesetzt. Unter den Anhängern Nidaris und Yidaris wählen einige von uns den Weg des Schutzes. Wie bei einem tollwütigen Firnluchs musst du beurteilen, ob ihre Seele zu kurieren ist oder ob das Schlechte in ihnen nur auf endgültigem Wege aus dieser Welt getilgt werden kann. Dies gehört zu den schwersten Entscheidungen, da wir Schwanendiener ein Licht der Hoffnung in uns tragen.

Unser Glaube ist die Fackel im dunklen Raum und der Stern in der Nacht. In schlimmen Stunden stärkt es jeden, Nähe zu spüren und nicht allein zu sein. Das betrifft ebenso schwere Zeiten wie auch die letzten Tage des Lebens. Begleite die Verirrten und führe sie möglichst zurück. Andere wurden durch Umstände und Bosheiten wie in Tobrien zu Taten gezwungen, gegen die sich das Innere sperrt. Schließe diese Tore auf, meine Schwanengefährtin. Die Menschen werden dir danken und sagen, wie deine Anwesenheit und deine Berührungen ihre Leben erhellt haben. Einige Freunde Lidaris und Aidaris widmen sich der Seelenheilkunde intensiver. Ihr Leuchten soll den eigenen Funken neu entzünden.

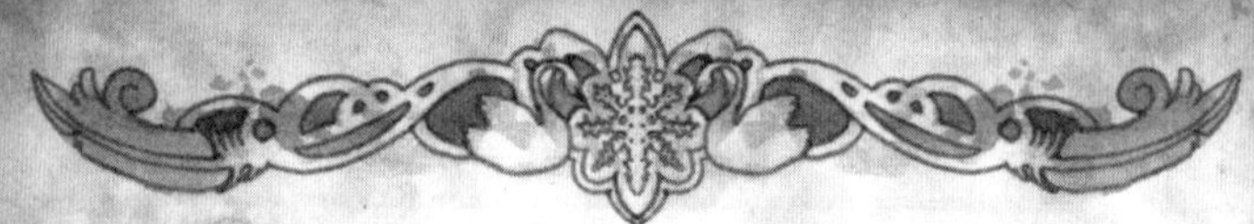

Hier magst du von eigener Hand ergänzen

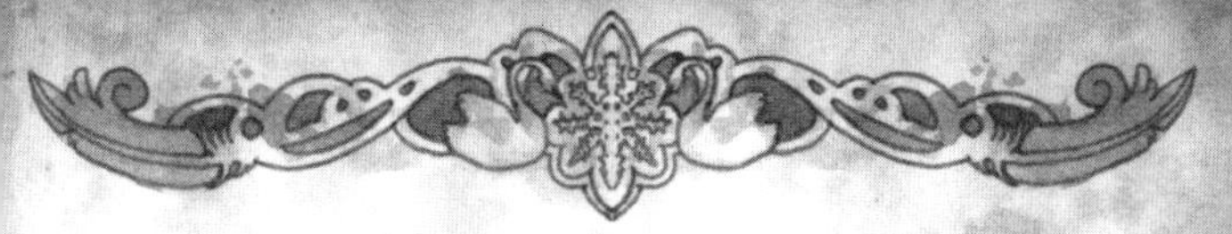

VIII

Die Verehrung der Sanften

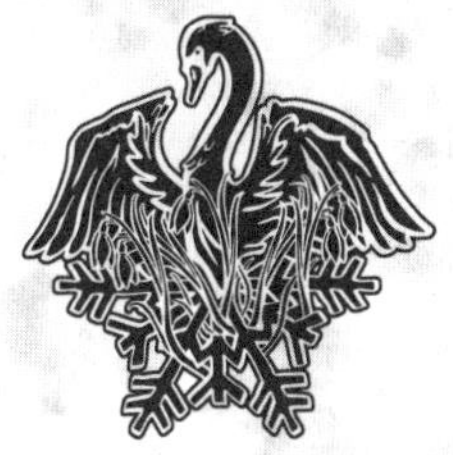

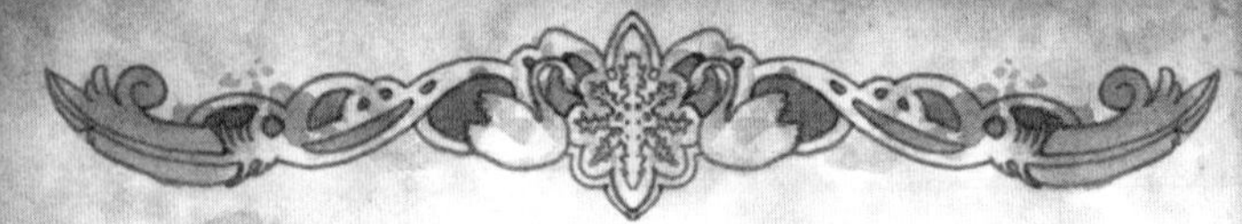

Vom Alltag und von Aufgaben

Wie verbringst du als Dienerin der Göttin den gewöhnlichen Tag? Zweifelsohne kann es keine allgemeingültige Antwort auf eine solche Frage geben. Unsere Aufgaben richten sich nach den Bedürfnissen unseres Umfelds und unserer Mitmenschen, und jeder Tag bringt neue Herausforderungen mit sich. Viele Aufgaben unserer Gemeinschaft sind immer ähnlich, egal, welchem Pfad Ifirns wir folgen. Das Begrüßen eines Kindes nach der Geburt und das Betreuen eines Schreins gehören an jedem Ort zu unseren wichtigsten und schönsten Aufgaben, gleich, ob wir wandern oder bleiben. Sind wir unterwegs, besuchen wir die Kranken und treffen unsere Helfer vor Ort. Wir alle pflegen den Wald, räumen Eisblöcke fort und kümmern uns um die Älteren, unterstützen den Dorfvorsteher. Hier ist jeder gefordert, denn gemeinsam gehen Rodungen und das Anlegen neuer Felder, gangbarer Pfade sowie Reparaturen an Häusern umso besser von der Hand. Häufig erschallt der Ruf nach uns, wenn eine Verletzung zu behandeln oder eine Auseinandersetzung zu schlichten ist.

Zum täglichen Leben gehört ebenso die kreative Arbeit. Im Unterricht zeigst du dem Nachwuchs das Eichhörnchen und das Wirselkraut. Manchem Dörfler hilfst du beim Schreiben eines Briefes oder erzählst ihnen von den Geschichten der Zwölfe.

»Die Ifirnstöchter sind unsere Patroninnen. Folge der Silberschwänin in dir.«

—Walbirg von Löwenhaupt in einer Ansprache an die Novizen, 1039 BF

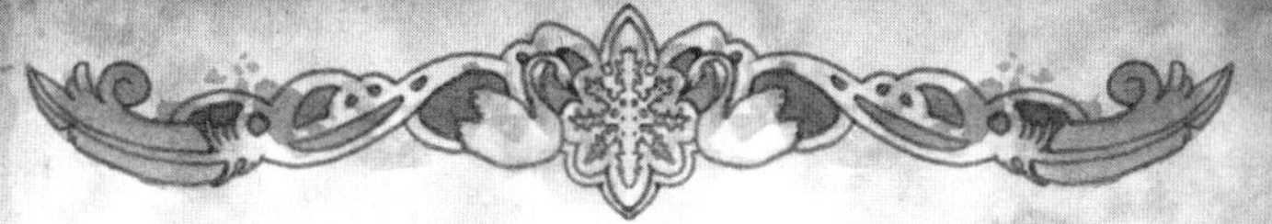

Schwestern und Brüder, die Nidari folgen, kümmern sich um Wälder und Tiere. Eichen muss Platz zum Wachsen geschaffen werden, vielleicht ist ein Stamm morsch. Der Wurf der Rindenfresser mag in einem Götterlauf groß sein und den Bäumen schaden. In einem solchen Fall sorgt die Geweihte für eine verträgliche Balance, sodass Menschen, Tiere und Pflanzen in einem ausgewogenen Verhältnis existieren. Übertritt ein Wilderer die Gesetze der Jagd, obliegt die Aufklärung einem Anhänger Nidaris, der mit dem rechtmäßigen Machthaber über die Ländereien sowie den Jägern zusammenarbeitet, um dem Frevler Einhalt zu gebieten.

In Eis, Schnee und auf Gipfel führt der Weg der Yidarigläubigen. Die Reise ist selten Selbstzweck, sondern dient dem sicheren Marsch jener, die nach ihr kommen. Yidaris Dienerinnen erschaffen und pflegen Wegmarken, meist aus widerstandfähigem Stein, der selbst die schlimmste Witterung übersteht. Solche Zeichen müssen stabil und sichtbar sein, damit sie Wanderern als Orientierungspunkt dienen können. Neben dem Erkunden sicherer Routen erproben Yidaris Dienerinnen, ob Eisflächen sicher begehbar sind oder an einem Hang Lawinengefahr herrscht. Im Hohen Norden legen sie Hinweise auf Zufluchten an, indem sie dunkle Kiesel ins Eis drücken. Der Kundige erkennt anhand der Anordnung solcher Kiesel die Himmelsrichtung, in welcher eine solche Zuflucht liegt. In manchen dieser Unterschlüpfe sind Werkzeuge wie Seile, Kletterhaken oder Feuerstein verborgen, um der schroffen Natur oder der unbarmherzigen Witterung trotzen zu können.

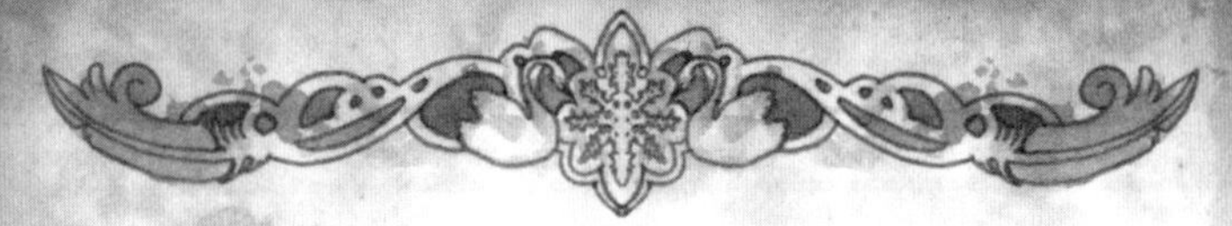

Eben solchen Routen folgt der Freund Lidaris, aber selten allein. Er reist in Gesellschaft und erfreut sie mit der Schönheit der Natur. Handelszüge sowie Reisegruppen greifen auf seine wildniskundige Führung zurück. Lidaris Anhänger verstehen es meisterhaft, anhand der Personen, Reittiere oder Karren den sinnhaftesten Weg selbst für lange Reisen auszuwählen. Im tiefsten Winter sind auch sie es, die im Dorf auf die Vorräte achten. Häufig ziehen sie mit Getreuen hinaus, um Jagdwild, winterfestes Gemüse und Getreide aus der Umgebung zu besorgen. Die Nähe zu den Menschen hat bei ihnen Gewicht und mit Freuden lehren sie die Interessierten die Prinzipien Ifirns anhand von Sagen und Liedern. Ein solcher Bruder im Glauben mag sich selbst als eine Mischung aus Barde und Karawanenführer bezeichnen.

Die Vertrauten Aidaris sind eher in Dörfern und an wichtigen Wasserwegen zu finden. Bekannt mit Weihern, Flüssen und Quellen, schauen sie hier nach dem Rechten und kümmern sich um sichere Überfahrt auf Fähren, Booten und Schiffen, vor allem im Winter und Frühling. Strudel und Stromschnellen heben sie mit Baken aus Holz hervor, ein eindeutiges Warnzeichen für jeden, der auf dem Wasser reist. Bei Schneeschmelze behalten sie Wasserstand und Steinschlag im Blick. Die Zugänglichkeit zu Brunnen und frischem Wasser liegt ihnen ebenso am Herzen wie der Bestand der Wasservögel oder Fische. Sie sind begabte Heiler von Körper und Geist, verstehen sich auf die heilsame Kräuterkunde, räumen Zwiste aus und führen Gespräche, die manch gepeinigter Seele Linderung verschaffen mögen. Das Bild einer Heilerin für Gewässer, Gemüt und Gemeinschaft umschreibt die Dienerinnen Aidaris treffend.

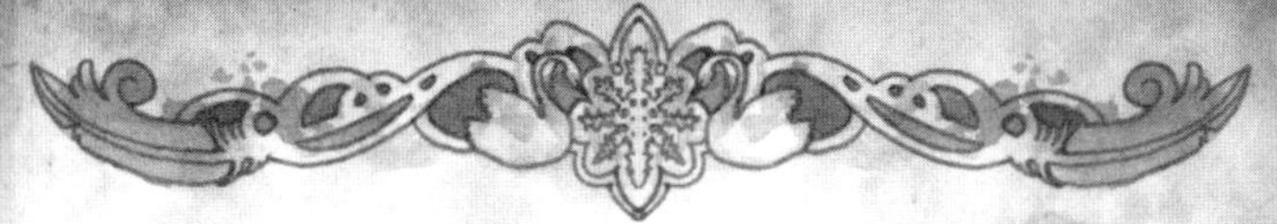

Stätten der Verehrung

»Was nützt das Leuchten der Sterne, wenn die Wolken die Sicht versperren? Wir rufen den Wind und reichen den Menschen das Fernrohr.«
—Nidaria Schwanenflug in einer Vision, Norburg, 1036 BF

Sprechen und Nachdenken sind eine Sache, doch in Tempeln und an Pilgerstätten kann man Ifirns Frühlingshauch einatmen und ihr sanftes Wesen auf der Haut fühlen. Die Firunstochter steht für Austausch und Kontakt, und dafür bedarf es eines Treffpunkts, an dem Einsame und Ratsuchende zusammenkommen und miteinander reden können.
Das Innere der Hallen Ifirns zeigt häufig bildhafte Darstellungen vom Wirken der Schwanengleichen, sodass der Glaube sichtbar wird. Manche der geweihten Örtlichkeiten beherbergen Talismane, welche die Kraft der Göttin auf Dere zentrieren. Wohin reist man, um der Milden zu huldigen? Nachfolgend weise ich auf meine persönlichen Favoriten hin.

Im Kristallpalast in Bjaldorn gestaltet die Schwanenmutter Walbirg das neue Zentrum unseres Glaubens. Die Eisrose verbreitet in der freien Stadt des Nordens ihre wohlige Wärme.
Das Herzogtum Paavi hält ebenso einen Hort der Wintergöttin bereit.
In Eestiva sind die silbernen Schwäne nach Gloranas Schreckensherrschaft zurückgekehrt. Der Tempel liegt direkt oberhalb der Brücke über die Letta. Dort hat Rajan von Kreiben beim durchgängig frühlingshaften Weiher mit Ifirnsrosen seine Bleibe und sammelt Aufzeichnungen für den Kampf gegen die Eisherzen.

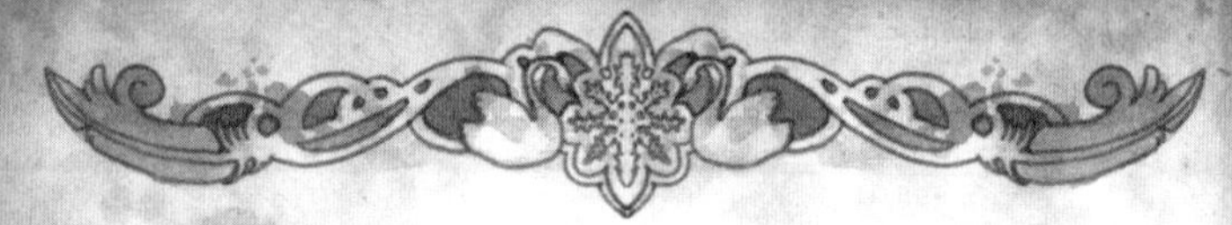

Im bornischen Norburg leitet unsere Schwester Nidaria Schwanenflug die Stätte Ifirns, ehemals ein Ort des göttlichen Jägers. Sie liegt im Osten der Stadt, nahe dem Haus Peraines und der Stadtmauer.

Die Handelsstadt Festum trägt einen Schwan im Wappen. Im Norden der Stadt wurde Ifirns Wintertempel aus Weißbirkenstämmen errichtet, im ländlichen Stadtteil Prähnsgardt. Formell ist Iloïnen Schwanentochter die Vorsteherin, sie ist jedoch nur selten vor Ort. Wulfen von Irberod fungiert in ihrer Abwesenheit als Stellvertreter.

Die Grimfirns-Halla in Olport ist ein Platz für Firun und seine Tochter und stets eine Reise wert. Dort erwarten Wandbilder und der heilige Eiskristall den Reisenden. Ifirniane Raskirsdottir oder eine Vertreterin berichten gerne von den Wegen der Schwanengleichen an den Gestaden des Gottwals. Eine gemeinsame Verehrung gibt es auch im thorwalschen Hochland bei Waskir. Die Nordleute erzählen von einem Wunder der Schwanengleichen bei Ifirnshaven an der Gjalskerländischen Küste, einer verheißungsvollen Lichtsäule und einem unübersehbaren Wolkenschwan im Jahre 1023 BF.

Im Norden Thorwals, unweit der Siedlung Virport, liegt die kleine Bucht Ifirnsstrand, wo dem berühmten Hetmann Hyggelik der Schwanendelphin Swanifrej erschien, begleitet von Dutzenden Delphinen. Der Ort gilt als heilig, gut verborgen liegt hier ein Schwanennest der Milden. Auch in harten Wintern bleibt diese Bucht meist eisfrei.

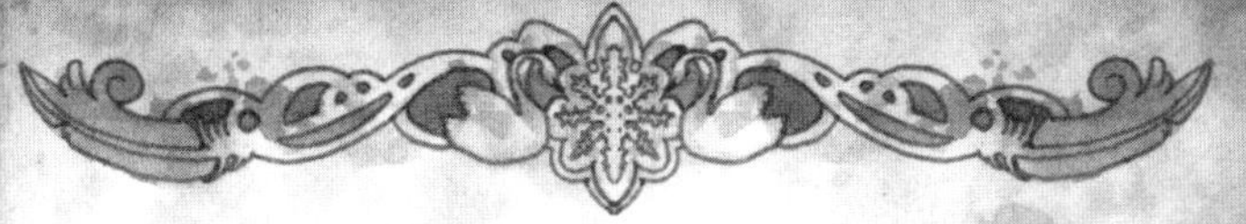

Jäger und Bauern des Svelltlands bringen ihre Gaben für die Milde zum Tjolmarer Gebäude, innerhalb der von Orks besetzten Region.
Der Schwanenreigen, ein Steinkreis im Weidener Ifirnstann, zieht nicht nur am Tag der Weißen Maid Pilger an. Jeder Stein symbolisiert eine der Ifirnstöchter. Der Tempel im Nachbarort Beonfirn hütet Sagen zu ebenjenen.
Hast du Fragen an mich, suche mich im tobrischen Haus der Zuversicht bei Firunsbrunn auf.

Gaben und Spenden

Welche Zuwendungen sind der Wintertochter wohlgefällig? Unterstützung ist auf vielerlei Arten möglich, im Geiste, in Taten und in klingender Münze. Geldspenden wie der Tempelzehnt fließen in die Unterhaltung der Tempel und die Versorgung von Bedürftigen. Die Mittlerin ist ebenso über andere Gaben erfreut. Schenke der Hoffnungsspendenden deine Zeit. Bauwerke und deren Instandhaltung brauchen kräftige Arme mit handwerklichem Geschick.
Wissen kann der Kundige an Kinder und Novizen weitergeben. Die Fürsorgliche vermag den älteren Mitmenschen zur Hand zu gehen und der Waldläufer hilft bei der Jagd oder dem Sammeln von Pflanzen.

Aktiver Beistand und Unterstützung sind die Seele einer jeden lebendigen Gemeinschaft, die gelebte Lehre unserer Herrin Ifirn. Trotzdem möchten die Gläubigen oft etwas Handfestes opfern.

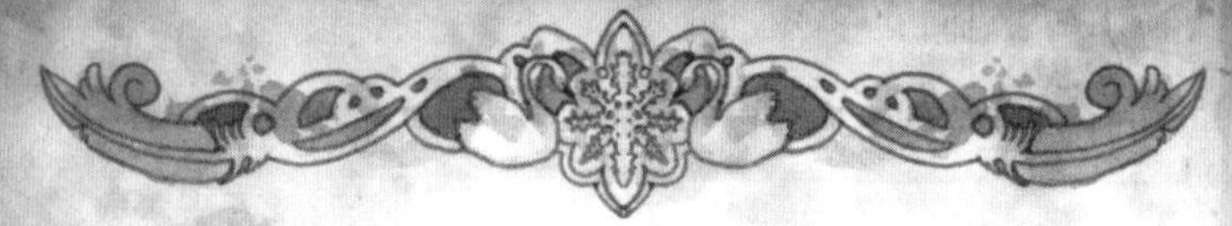

Die Sanfte liebt die Natur und alles, was wächst. Sowohl die trockene Rinde einer Birke als auch heilsame und hilfreiche Erzeugnisse aus den ihr heiligen Pflanzen sind beliebte Opfergaben für den Altar, zum Beispiel der Birkenzucker oder das Öl von Ifirnsfichten.

Besonders erfreut sich die Schwanengleiche jedoch an allem, was blüht und gedeiht. Das Anlegen von Beeten mit Ifirnsglöckchen, die zuverlässig den Frühling ankündigen, oder Ifirnsrosen ist wohl eine der eindeutigsten Formen der Verehrung Ifirns. Doch auch der duftende, weiß blühende Waldmeister und Frühlingsblumen in allen Farben erfreuen ihr Herz und auch unseres. Das weiche Weidenkätzchen der Silberweide symbolisiert die sanfte Berührung unserer Herrin und die Pflege dieser Pflanzen ist ihr wohlgefällig.

Pelze, Leder und Kleidung von hellem Haar und Garn wärmen die Notleidenden. Zeigst du bei der Herstellung deine Kreativität, gefällt dies der Gebenden noch mehr.

Es versteht sich von selbst, dass das Anlegen eines Schreins eine göttergefällige Tat ist, sei es mit Blumen, einer Statue, einem Stein oder Holzabbild. Bilder, Geschichten, Melodien und Lieder erfreuen die Herrin und die ihr Anvertrauten.

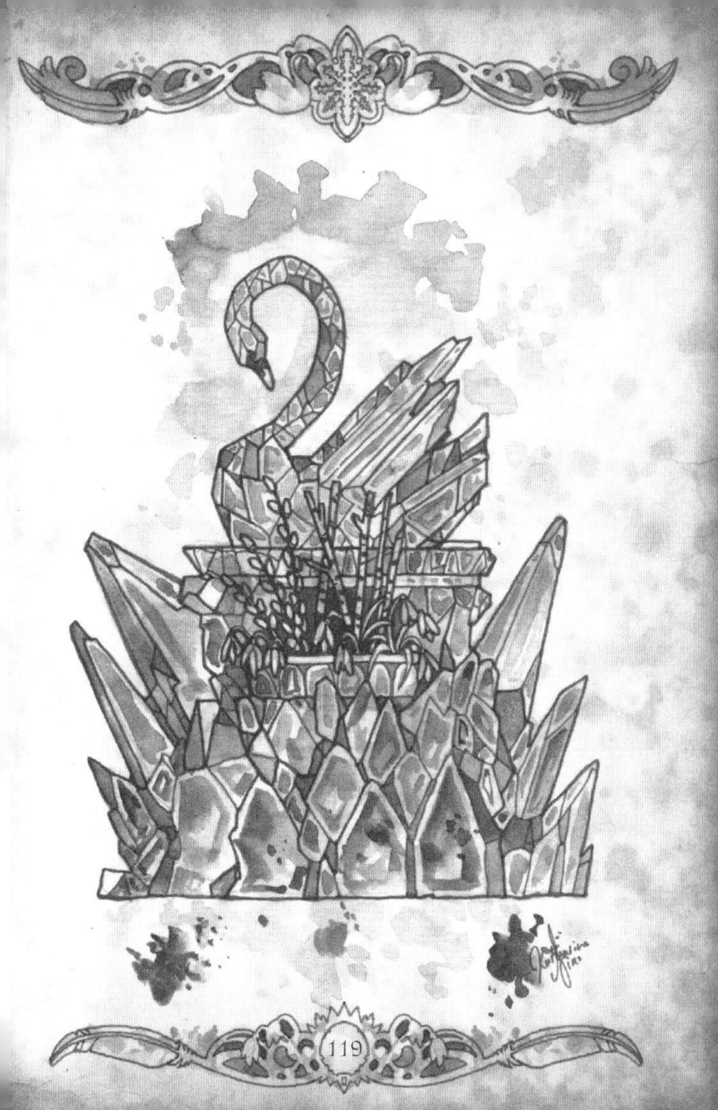

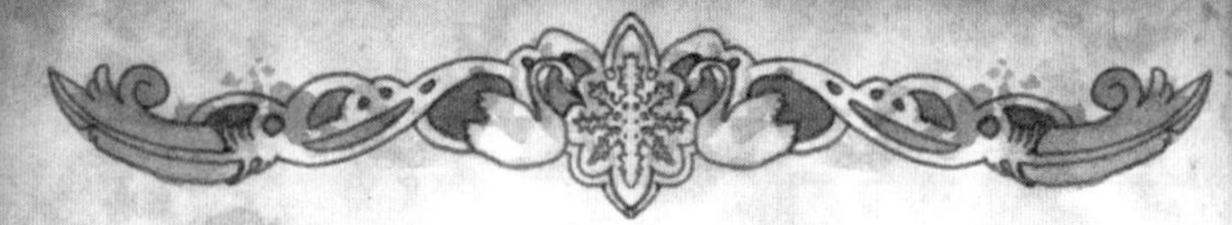

Festliche Tage

Am 30. Firun huldigen wir der Himmlischen. Die Gläubigen bitten am Tag der Ifirn um das Ende des Winters, vor allem in Landen mit langen Winterzeiten. Prozessionen sowie Fackelzüge ziehen zu gefälligen Orten wie Weihern, Dorfplätzen oder Tempeln. In Tobrien und anderen Gefilden wird eine eigens dafür angefertigte Puppe im Feuer verbrannt: der Winterunhold oder Winterbold (im Bornischen). Zuweilen haben die Feiernden Masken und Kleidung von der vorherigen Wintersonnenwende am 1. Firun (Tag der Jagd) bei sich, die sie ehrwürdig in die Flammen werfen.
In Weiden ehrt man die Sanfte vor allem am Schwanenreigen und spricht flehende Bitten. Meist tragen die Anwesenden in allen Gefilden Winterstiefel, Handschuhe und Mütze, während Musik und Tanz zu Erheiterung und Geselligkeit beitragen.
Am ersten Schneetag begrüßen die Kinder im Bornland den Winter mit einem freudigen Reigen, dem Ifirnstanz. In weiße Hemden gekleidet, tanzen sie barfuß über den Schnee. Die Freude über den Beginn des Frosts soll die Gütige erweichen.
In Thorwal wird die sanfte Firunstochter ebenso verehrt. Dort kennt man Ifirns Milde, was der Wintersonnenwende entspricht. Der erste Sonnentag im Phex bezeichnet den Frühlingsbeginn, Ifirns Dank geheißen. Nicht nur zu Ehren Travias spenden die Nordleute an Erntedank, sondern auch zu Ehren der Frühlingsbringerin.

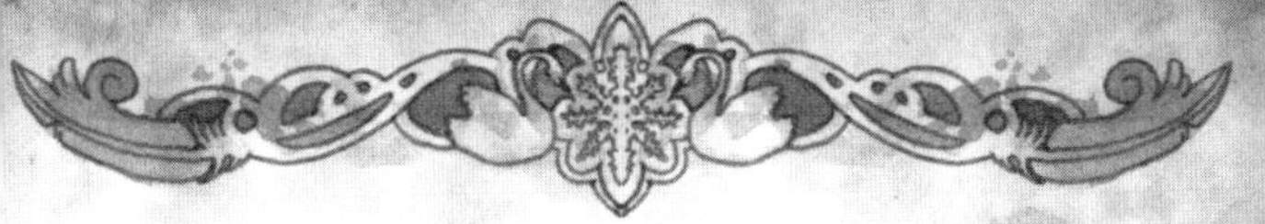

Die Ziele der Kirche

Die Welt ist im Wandel. Was bedeutet das für die Gemeinschaft Ifirns? Welche Lehren können wir aus der Vergangenheit ziehen, aus den Schrecken der schwarzen Lande oder der Herrschaft der Eishexe? Solche Erfahrungen sind Erschütterungen des Vertrauens an das Gute sowie die Zwölfe, und dieses Vertrauen gilt es wiederherzustellen. Hier hinterfragt die Matriarchin: Ist die kühle, asketische und strenge Art der Firunis der richtige Weg, um die Zuversicht der Gläubigen zu stärken, in manchen Fällen gar erst wiederzuerlangen? Sehr wohl sind Kälte und Askese wichtige Botschaften des himmlischen Vaters und stärken seine Diener in ihrem Glauben und Handeln, doch in der gewählten Isolation liegt die Gefahr, dass im Streben nach eigener Stärke das Wohlergehen der Allgemeinheit nebensächlich wird.

Es ist an uns Schwanentöchtern, wie die Wintersonne auf gleißendem Schnee zu leuchten, auf dass im hellen Licht Hoffnung und Verständnis triumphieren. Vor allem im Winter braucht es das direkte und selbstverständliche Gespräch mit Firuns Dienern, denn sonst besteht die Gefahr, dass ihre Kälte von den Gläubigen missverstanden wird. Manch einer sieht im sturen, einsamen Gebaren der Firunis eine Flucht vor Verantwortung. Für Nöte, Ängste und Sehnsüchte hat die Milde immer ein offenes Ohr, während Firun oft nur seine kalte Schulter zeigt, wenn jemand zagt. Ifirns helfend dargereichte Hand gibt Sicherheit und kann den Nebel des Misstrauens und Zweifelns vertreiben, wenn man sie nur ergreift. Wir stehen nicht in Konkurrenz zur Firunkirche, doch so manche Sichtweise unserer

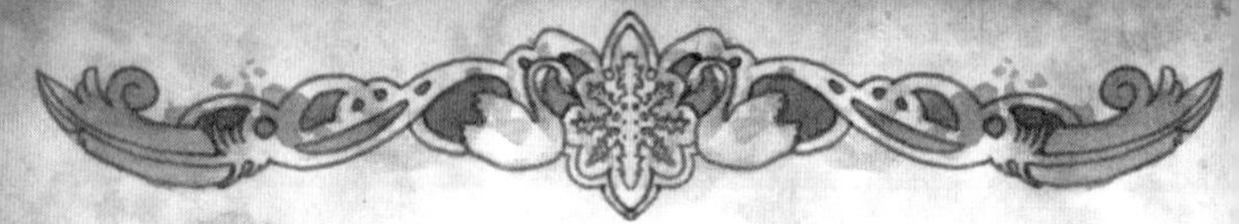

Brüder und Schwestern auf Firuns Pfaden hinterfragen wir, auf dass sowohl sie als auch wir zu mehr Stärke finden. Der alltägliche Umgang mit unseren Mitmenschen zeigt, dass das Umsorgen und Pflegen von Beziehungen der beste Weg für alle ist. Manch ein Anhänger des Alten vom Berg lehnt soziales Miteinander ab, was Enttäuschungen hervorruft. Das Volk möchte sich einbringen und auf etwas einlassen, da helfen konkrete Bestätigung und Berührung.

Wer sorgt sich um die Einsamen der Gesellschaft oder diejenigen, die im Schatten stehen? Dorthin lenkt uns das Licht des Nordens, auf dass auch wir, unserer Herrin gleich, helfend die Hand reichen.

Aus Bjaldorn hallt der Ruf nach mehr Struktur, Treffen und Einheitlichkeit an meine Ohren, und auch ich bin der Ansicht, dass es dieser bedarf, auf dass wir gesund und prächtig gedeihen wie die Frühlingsblumen in den ersten warmen Sonnenstrahlen. Namen und Rangbezeichnungen regte die Schwanenmutter für die Zukunft ebenso an, damit den Gläubigen und anderen Dienern der Zwölfe der Zugang zu uns leichter fällt. Bis zur Umsetzung dieses Wunsches mögen noch einige Winter vergehen, denn dies sind Entscheidungen der Gemeinschaft, nicht des Einzelnen.

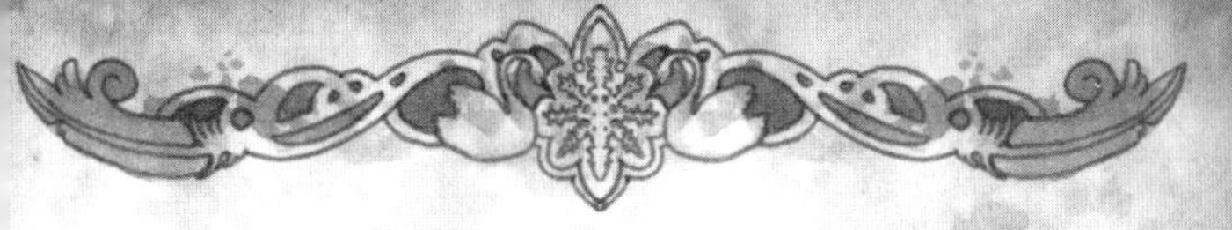

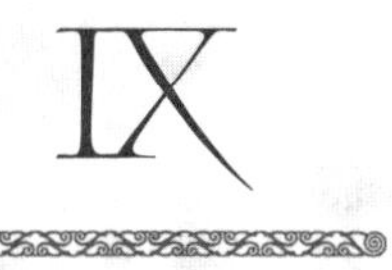

Sternenfall und Sternenschimmer

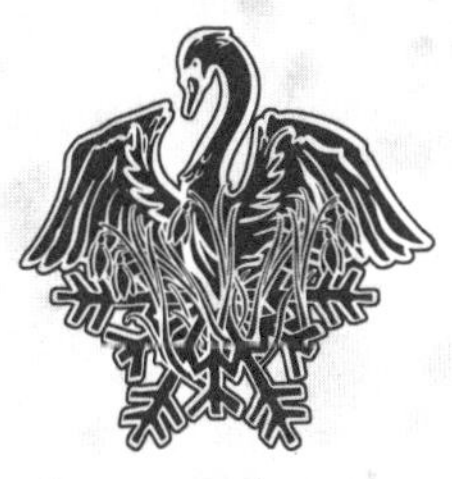

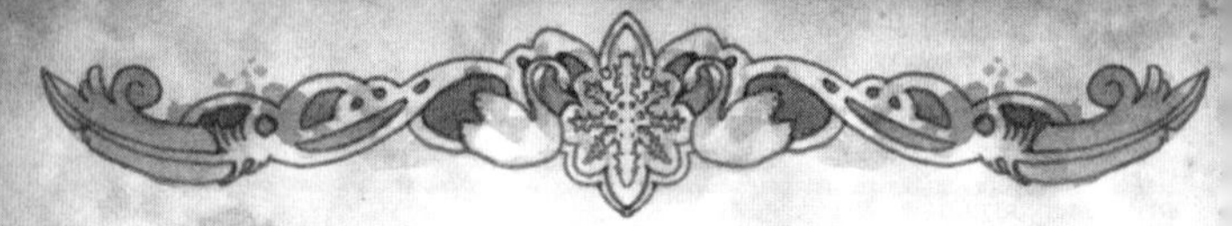

Lichterfüllte Weissagungen

Dichter Nebel zieht zwischen den Hängen auf. Er entrücke die Landschaft, meinen einige; etwas verberge sich darin, denken andere. Die Sanfte lehrt uns Zuversicht und Entgegenkommen, denn der Dunst ist eine Gestalt der Natur. Die Formen und Silhouetten verblassen und was dahinter liegt, können wir nur erahnen. Ähnlich ist es mit dem Sternenfall, keinem Sterblichen erschließen sich Absicht und Zweck dieses Ereignisses. Doch kleinste Hinweise lassen sich erahnen: Stabilität ist nicht garantiert und wir müssen mit mehr sehen als nur mit unseren Augen. Dieser neue Sinn in dir schlummert noch und muss erweckt werden. Eine neue Form des Wahrnehmens entsteht, verbunden mit der Seele. Die aktuelle Zeit erfordert frisches Denken.

Hier ist das Wort Einsicht passend, denn dein Blick muss sich auch nach innen richten, um ein tieferes Verständnis der Wirklichkeit zu erlangen. Hast du dich je gefragt, warum die Ausdrücke ›weisen‹ und ›Weissagung‹ sprachlich so dem Weiß ähneln? Die Eingebungen der Wintertochter haben bedeutende Rollen im Leben, da sie uns Wege anbieten. Bei manchen ist es der leichte Zug zu einer anderen Ausrichtung des Daseins oder eine instinktive Vorsicht vor einem Schritt. Das Erspüren ist anstrengend, denn sinnbildlich schwimmt man gegen den Strom beziehungsweise kämpft sich einen Berg hinauf.

Das Licht Ifirns offenbart bisher unbemerkte Feinheiten und große Umbrüche, unabhängig von Ort und Zeit. So vermag ein Diener der Göttin, den unterstützenden Pfad sowie Ifirns

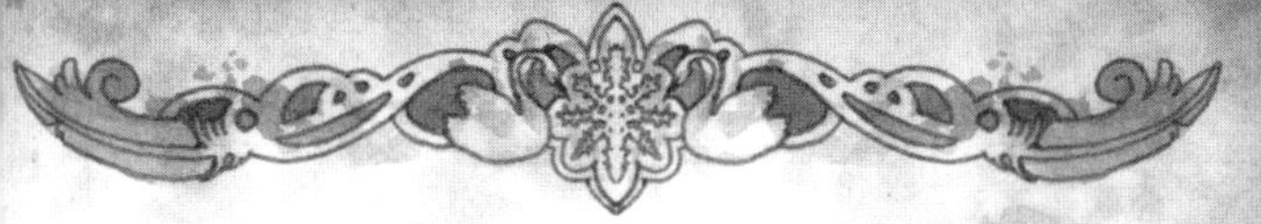

Willen voranzubringen, denn das Abwarten reicht nicht aus. Die Schwanengleiche sendet uns bewusst Botschaften, deren Sprache wir erlernen können. Die Lichter am Firmament sprechen durch ihre leuchtenden Farben zu uns, doch nur wenige verstehen sie. Funken schlagen aus dem Himmel auf uns ein, ein Schrei nach Hilfe. Versteckte Hinweise hält das Eis bereit, die es zu finden gilt. Bei den Nivesen und Thorwalern lesen manche auf verschiedenste Arten im Schicksal, selbst die Elfen kennen ein Lied des Windes. Sprich mit den Geweihten Borons und Hesindes, sie werden es dir bestätigen. Gibst du dich der Natur hin, wird dein Gespür für das Kommende geschärft. Das Weissagen und Erfassen wird mit klaren Zeichen Ifirns leichter, sie lässt uns nicht allein und steht uns bei.

Bildhafte Nordlichter

»Wolkenlos war die Nacht und der Wind trieb sein tückisches Spiel. Valjok zog seine Kapuze tiefer ins Gesicht, am Firmament leuchteten Farben. ›Großvater, warum brennt der Himmel grün und rot?‹.
›Junge, hab keine Angst. Kennst du die Ifirnstöchter?‹
›Die Silberschwäne.‹
Der Ältere nickte und kraulte sich den vereisten Bart. ›Genau. Was siehst du, wenn ein Schwan mit dem Flug beginnt?‹
›Er schlägt mit den Flügeln und stößt sich mit den Beinen ab‹.
›Heute Nacht nimmt eine der Schwestern Anlauf, um sich in die Luft zu erheben. Ihre Schwingen und Füße wirbeln Eiskristalle auf, welche kurz umher wehen und für uns Sterbliche erstrahlen.‹ ‹
—der Ursprung der Lichter, gehört im Hohen Norden, 1037 BF

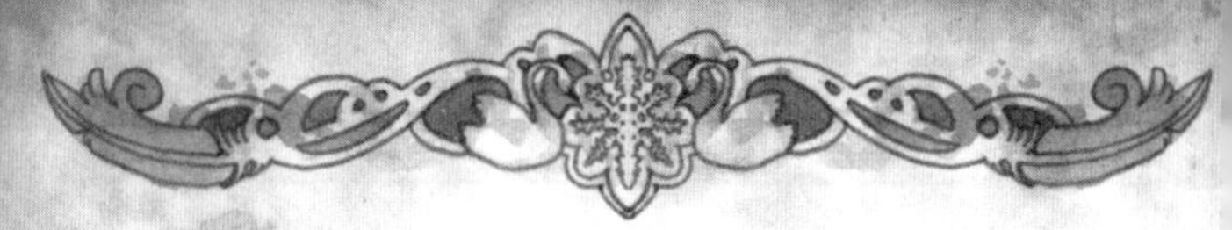

Hast du die schillernden Bänder und leuchtenden Flammen am Himmel schon einmal erblickt? Um die Ifirnslichter ranken sich Mythen, Geschichten und Legenden. Am Tag der Milden reichen sie bis Bjaldorn herab und beeindrucken mit ihren Spielarten Gläubige und Geweihte gleichermaßen. Dabei sind diese Erscheinungen nicht nur schön anzusehen, sondern halten Botschaften für uns bereit. Noch verstehen sich nur wenige von uns auf die Deutungen. Das Strahlen nimmt wie bei Wolken allerlei Formen an, etwa die von Speeren und Symbolen, so können Tiere, Wappenzeichen oder Gefahren sichtbar werden. Der späteren Tempelvorsteherin Nidaria soll damals eine Rose zwischen den Sternen erschienen sein.
Einige Schwanenfreunde ziehen hinaus, um einen Hauch des Schicksals zu spüren und ihren Weg zu finden. Unsere leitende Mutter fördert dies, da sie zuweilen selbst Visionen der Himmlischen empfängt und um die Wichtigkeit dieser Botschaften weiß. Sie lassen uns den Willen der Wintertochter erahnen und in ihrem Sinne handeln.
Im Zentrum des früheren Eisreichs soll ein verabscheuungswürdiges Gleißen existieren. Zuerst hält man es für ein hoffnungsvolles Licht der Göttin, doch heulende Stimmen von Geistern und Irrlichter begleiten es. Vermutlich handelt es sich um eine widernatürliche Kopie, welche unsere Herrin verspottet und auf unachtsame Beute lauert.

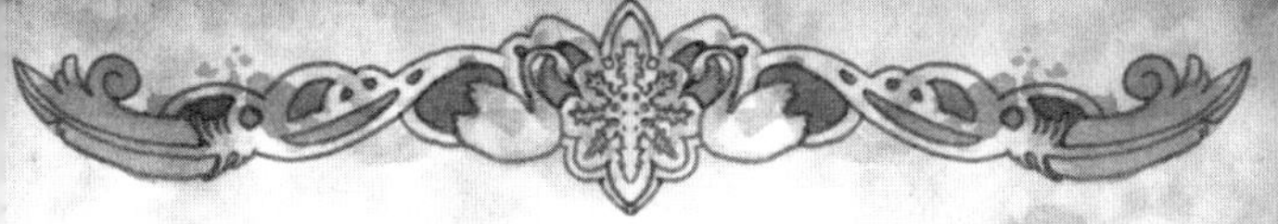

Ifirnsfunken

»Soeben hatten wir den gefallenen Stern geborgen: faustgroß und glitzernd. Dann pulsierte er und schützte uns mit seinem reinsten Sternenlicht vor der drohenden Finsternis.«
—Erzählung eines reisenden Helden, Baronie Schnattermoor, 1042 BF

Die Sterne fallen. Verlieren die Zwölfe ihre Macht? Weit gefehlt, die Milde sendet uns mit ihren Funken unübersehbare Fingerzeige. Sie gehen dort nieder, wo Hilfe gebraucht wird. In Tobrien erfüllte uns der Segen der Schwanengleichen gegen das Aufbäumen ihrer abtrünnigen Schwester. Die Matriarchin hat von weiteren Gestirnen erfahren, welche uns erreichen. So verheißen es Meldungen aus Norden, Westen und Osten sowie Weissagungen innerhalb der Kirche. Selbst im Süden deuten sich neue Vorkommen in Vorhersagen an. Die konkrete Bedeutung der Himmelskörper scheint verborgen, alles deutet auf eine Antwort der Sanften für Notleidende. Äußerlich schenkt der Funken ein weißes bis eisblaues Licht und besitzt die Form eines Eiskristalls. In der Nacht erleuchtet er uns den Weg, ähnlich dem Gwen-Petryl-Stein.
Aufgrund der großen Strahlkraft sieht die oberste Dienerin einen neuen Pfad für Geweihte unter uns, den der Sternwanderinnen. Sie ziehen aus und ergründen die mystischen Aspekte sowie die Hintergründe des Erscheinens der Funken. Gibt es Beziehungen zwischen Fundorten und Wirkung? Auf was weisen die himmlischen Sendungen hin? Ein Stern Ifirns mag

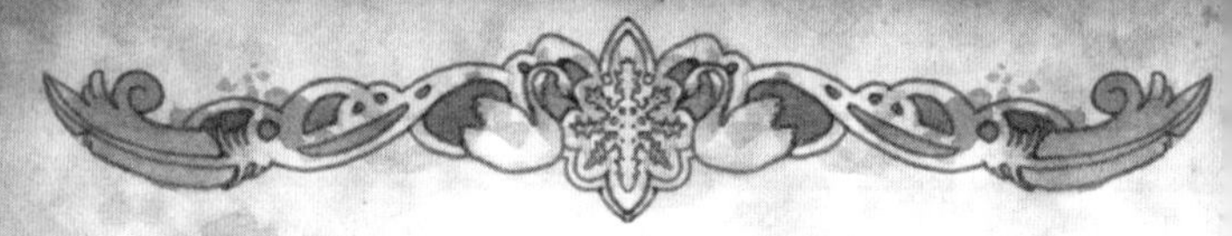

viele Bedeutungen haben und deutet auf göttliches Wirken hin. Ist dieses begrenzt oder längerfristig?
Aufspüren und Katalogisieren gehören wie das Beschreiben der Umstände zu den Aufgaben jener Jünger. Die Ifirnsfunken dürfen nicht in falsche Hände geraten, und die Krallen der Finsternis scharren schon. Aus diesem Grund versuchen wir jeden einzelnen zu bergen und in die Tempel zu bringen, oft in Begleitung wackerer Kämpfer gegen das Böse, denn wo Licht scheint, fällt ebenso Schatten.

Verheißungen der Kristalle

»Selten wütete die Kälte so unerbittlich wie in diesem Winter. Ich spürte kaum noch meine Füße und Finger. Der Novize der Ifirn schnitt mit seinem Messer Rinde der Birke ab und trocknete sie zwischen der Kleidung. Seine Ausbilderin hackte Äste und schälte sie, denn das Holz im Inneren war trocken. Dass ein Untergrund ohne Nässe wichtig war und die Borke zu Zunder wurde, lernte ich. Unser Feuerstein brachte den ersehnten Funken, es wurde wärmer. Doch die Diener der Milden arbeiteten weiter; in einem Kessel schmolzen sie Eis, bis das Wasser heiße Schwaden bildete. Ein Gebet an die Wintergöttin richtend, nahm die Geweihte den Topf in die Hand und ging ein paar Schritte fort. Auf einmal schleuderte ihr Arm das dampfende Nass nach hinten über den Kopf, weg vom Feuer. Einem Zauber gleich war es, denn der Frost holte sich sein Element zurück. Schlieren, Wolken und Formen aus Eis modellierten sich von selbst, fast wie Flügel. Erst jetzt registrierte ich, dass die Augen des Lehrlings dem Schauspiel

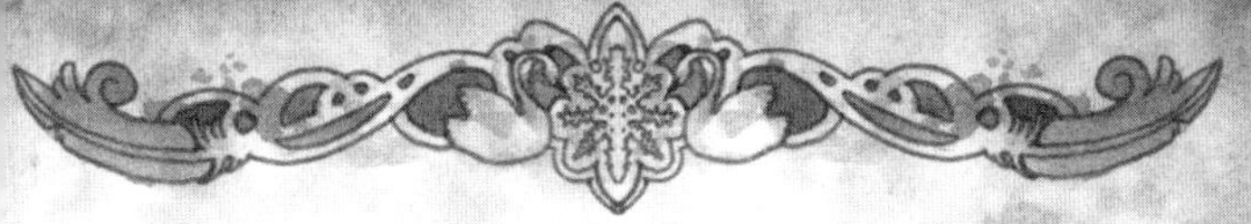

folgten. Seine Finger waren zum Gebet gefaltet. Leibhaftig hatte ich an einer Zeremonie teilgenommen.«
—aus dem Reisebericht des Händlers Ischtan, Sewerien, 1038 BF

Die Abgeschiedenheit des Nordens erleichtert den Einklang mit der Natur. Dorthin wandern Schwanendiener, die Weissagungen im Eis suchen. Zur Durchführung solcher Weissagungen hörte ich von unterschiedlichen Methoden. Manche kochen Wasser in der Kälte auf und werfen es hoch in die Luft. Dort wird es wieder zu Eis und zeigt Bilder, wie wir es vom Wolkenflug oder Rauchzeichen kennen. Musikalische Brüder und Schwestern fertigen sich Instrumente aus Eis. Aus Eiszapfen und Gletschermasse wird Schlagwerk, Blöcke erhalten die Formen eines Glocken- beziehungsweise Windspiels. Klangschalen ertönen in der offenen Weite und die Laute eines geschnitzten Horns schallen gegen eine Bergwand. Beim Musizieren und im Echo empfangen sie ihre Eingebungen.
Kunstfertige erschaffen Skulpturen aus Eis, deren Spiegelung die Zukunft ankündigt. Manche schleifen sich Linsen, welche das Sonnenlicht in den Schnee brechen.
Unter uns Ifirnsjüngern horchen die Prophetinnen der Eiskristalle den Lauten oder deuten die Gebilde des kalten Elements. Auch in der Kirche Firuns suchen Wanderer nach Mysterien.
Heute sind Auge und Ohr von Geweihten mit Bezug zum Schicksal wichtiger denn je. Sie lauschen der Milden und den anderen Zwölfgöttern und teilen ihre Erkenntnisse.
Gibt es weder Eis noch Schnee, kann die Kundige auch in Rauch und Wasser deuten.

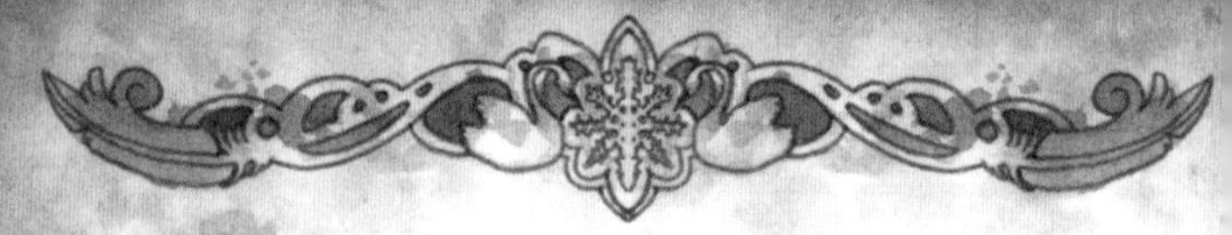

Möchtest du mehr zu diesen Botschaften erfahren oder diese teilen, vermag dir die Tempelvorsteherin von Norburg eine Einweisung zu geben.

Runjas, Verkünder des Schicksals

Die Thorwaler haben einen tiefgehenden Bezug zur Fügung in ihrem Leben. Sie kennen die Runjas, Schicksalsgottheiten, welche die Fäden der Gegenwart und Zukunft lenken und Ifirn zugeordnet werden. Zugleich schenken und erlöschen die Runjas das Dasein, so wie der Winter beginnt und endet. Hier zeigt sich die eigenständige Sicht der Nordleute, denn innerhalb des Glaubens an die Zwölfgötter spielen die Runjas keinerlei Rolle. Oder gibt es vielleicht doch Parallelen?
Das Werden und Vergehen findet sich bei uns ebenso, aber unter einem anderen Namen. Die Töchter Satinavs sind Ymra und Fatas. Die Erste steht für das Vergangene und notiert die Erinnerungen im Logbuch des Zeitenschiffs. Ihre Schwester stellt die Zukunft dar und führt die Hoffnungen und Erwartungen auf. Zieht man den Kreislauf in Betracht, die unbedingte Folge des Winters auf den Herbst und des Frühlings auf den Winter, zeigen sich dort nicht erstaunliche Parallelen zum Wirken des Dreizehngehörnten und seiner Töchter? Ifirn ist es, die den Kreislauf mit dem Winter abschließt und ihn mit dem Frühling neu beginnen lässt.
Das Volk Thorwals bringt die Schwanengleiche schon lange mit dem Schicksal in Verbindung. Ihre Sichtweisen können uns inspirieren und lehren, auch wenn jene den Lenkern der Bestimmung andere Namen geben.

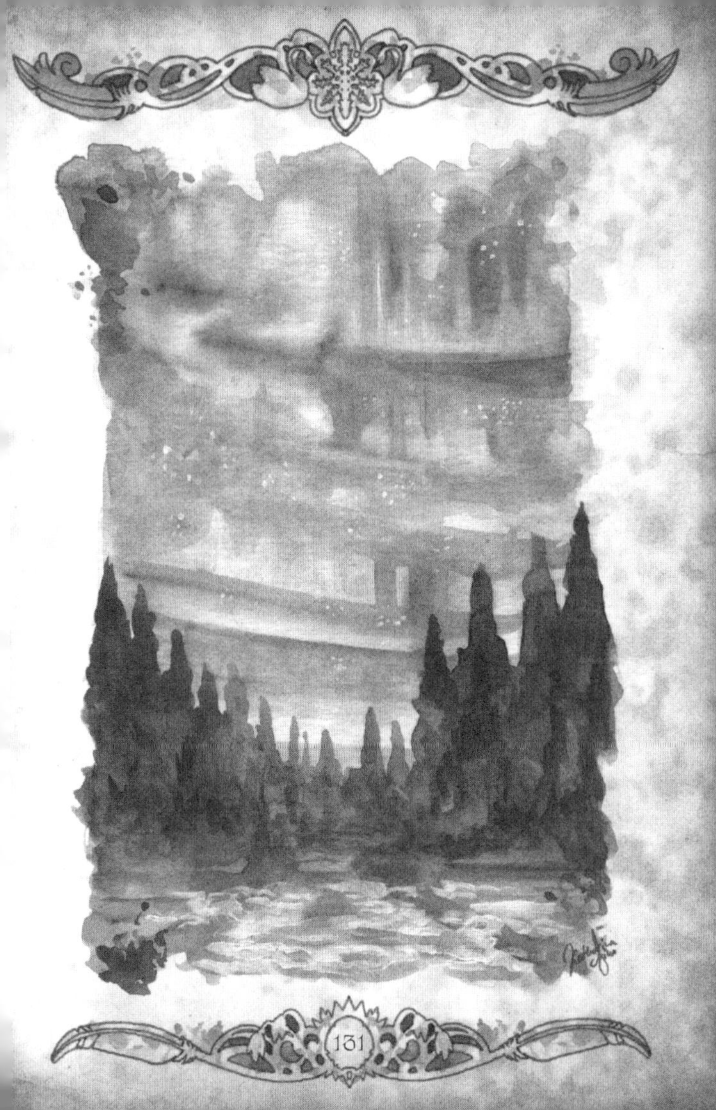

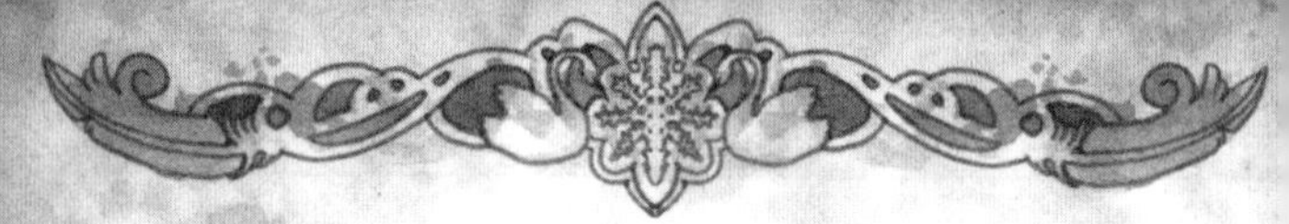

Hier magst du von eigener Hand ergänzen

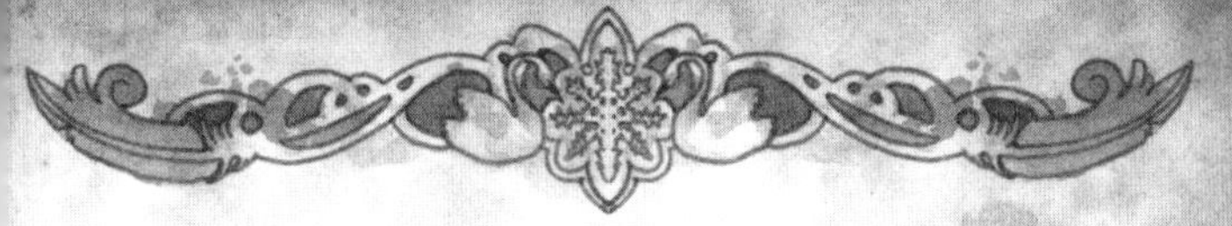

X

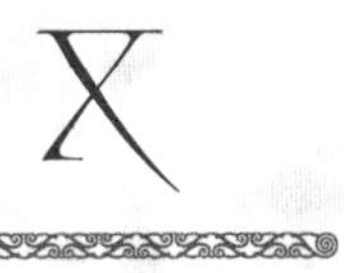

Strömungen des Glaubens

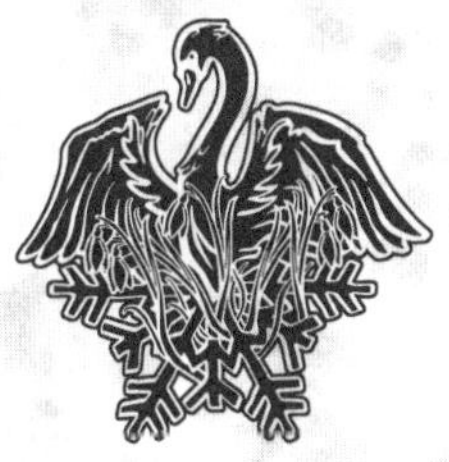

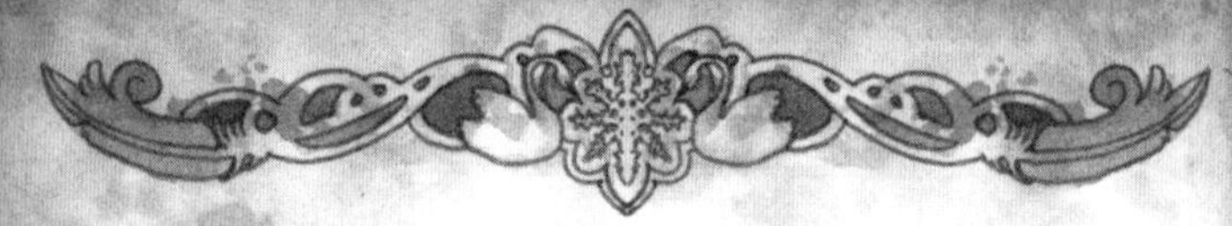

Vom Schwan erwählt

Vielseitig wie die Arten des Schnees oder die Blütenfarben der Blumen sind wir Dienerinnen Ifirns. Manchmal sind die Menschen blind und erkennen ihre größten eigenen Fähigkeiten nicht. Sie gehen uns so leicht von der Hand, dass wir sie für selbstverständlich halten und nicht wertschätzen. Die Wintergöttin sieht unsere Kräfte, auch wenn wir selbst noch nicht mit ihnen vertraut sind. Eine Einschätzung von außen kann hilfreich sein, bedeutsamer ist jedoch, dass wir uns selbst unserer Stärken bewusst werden.
Magst du herausfinden, was deine Begabungen sind? Erzähle Freunden von persönlichen Erlebnissen. Welches Erlebnis du wählst und wie du darüber berichtest, kann vieles über deine Talente verraten und in den Reaktionen deiner Zuhörer magst du lesen, wie sie über dich denken. Streife den Schnee von den Augen und erkenne, zu welchen Zielen du berufen bist.

Hüterinnen der Schwänin

»Die Hüterin hält dich fest im Arm, wärmt Kopf, Fuß und Seele.«
—Kelas Notizbuch, Tempel Eestiva, 1043 BF

Hüterinnen der Schwänin verkörpern Fürsorge und Miteinander, vor allem im kalten Winter. Sie bereiten das wohlige Nest, wo ein Feuer für die Bedürftigen brennt und teilen winterfeste Kleidung, auf dass niemand frieren muss. In wohl gehüteten Zufluchten bereiten sie Reisenden ein Lager aus Wolldecken und Stroh.

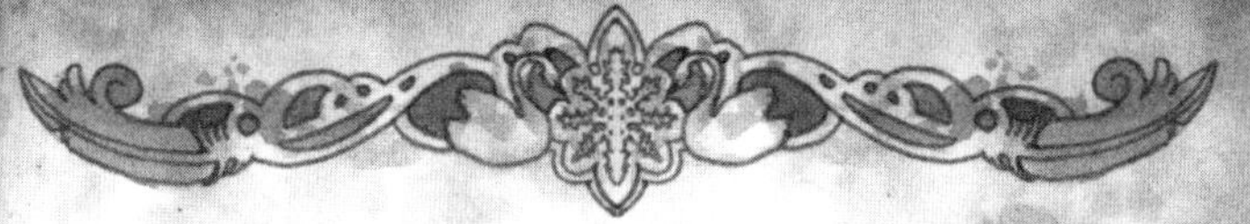

Sie stärken das Herz durch Hilfe und Zuwendung. Bei wärmender Brühe sprechen sie mit Traurigen über ihre Sorgen. Ein Lächeln und eine Umarmung sind ihre ersten Schritte gegen vorhandene Ängste. Bei Streit werben sie für gegenseitiges Verständnis und sind immer um Schlichtung bemüht. Bei Liebeskummer sind sie geduldige Zuhörer.

Hüterinnen findest du im Kontakt mit Menschen. Befindet sich ein Tempel der Schwanengleichen in der Umgebung, ist sie gewiss bekannt und häufig vor Ort. Es gibt unter ihnen die Sesshaften, die einen festen Wohnsitz haben und in einem nahen Umkreis wirken. Dort sind sie Ansprechpartner für jeden Hilfesuchenden.
Andere Hüterinnen ziehen hinaus in die Welt. Meist schließen sie sich einer Gemeinschaft an und knüpfen Freundschaften. Einer Familie gleich, unterstützen sie ihre Gefährten, vor allem beim Finden von Nahrungsmitteln, der Jagd oder dem Versorgen von Wunden. Ein sicheres Nachtlager können die Schwanengefährtinnen ebenso ausmachen, wie sie die Hand beim Zeltaufbau reichen. Eine solche Begleiterin ist treu und geht hoffnungsvoll voran, wenn die Tage und Zeiten dunkler werden. Bei drohenden Auseinandersetzungen vermittelt sie, und wahrhafte Feinde werden ihre Fertigkeiten mit dem Bogen kennenlernen.

Eine Hüterin ist meist in der Ausdrucksweise geschult, weiß ebenso um ihre Mimik und Gestik. Denn all dies hat Auswirkungen auf die Erwiderung der Angesprochenen. Auf dem

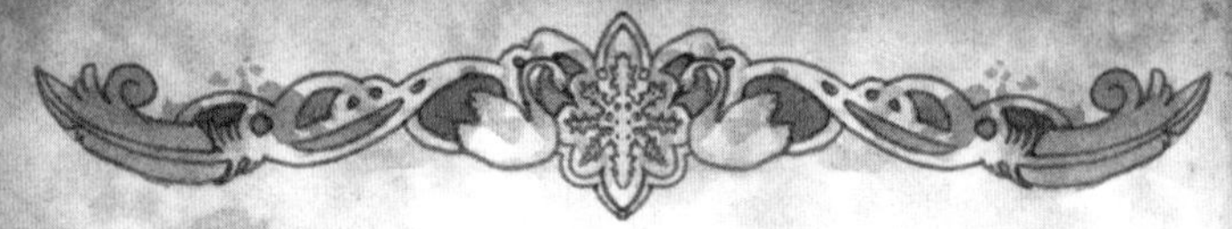

Parkett höherer Herrschaften findet sie sich ebenso zurecht wie in einer ärmlichen Hütte. Das Erkennen von Nöten und die Heilkunde der Seele gehören zum häufigsten Repertoire dieser Ifirnsjüngerinnen.

Jäger der Weißen Maid

»Der Jäger jammert weder über die eisige Wildnis, noch meidet er die dort lauernden Gefahren.«
—Kelas Notizbuch, Tempel Eestiva, 1043 BF

Der Winter und das Überleben prägen einen ifirngefälligen Waidmann. Skier und Schneeschuhe sichern den Getreuen den Aufenthalt in der Wildnis. Zum Schutz tragen sie Kletterhaken, Seil und Eisschnabel am Körper. Sie bewachen Routen und Pfade der Natur, beseitigen einengenden Frost. Daneben prüfen sie Wegmarkierungen und beugen Fährnissen wie Lawinen vor. Eine wohlbehütete Zuflucht bei einem Eissturm ist den Erfahrenen der Wildnis ebenso bekannt.
Das Wohlergehen der Tiere liegt ihnen am Herzen. Daher behalten sie Hirsch und Schneehase im Blick, genau wie die Fichten und Tannen. Morsche Bäume fällen sie und pflanzen vorausschauend nach, bevor das Holz knapp wird. Zielstrebig stellen sie sich Gefahren, die das Leben von Tier und Mensch bedrohen. Hinterlassenschaften des Eisreichs fordern das Durchhaltevermögen und die Willensstärke der Jäger. Unnatürliche Kreuzungen der Frosthexe überdauern dort weiterhin.

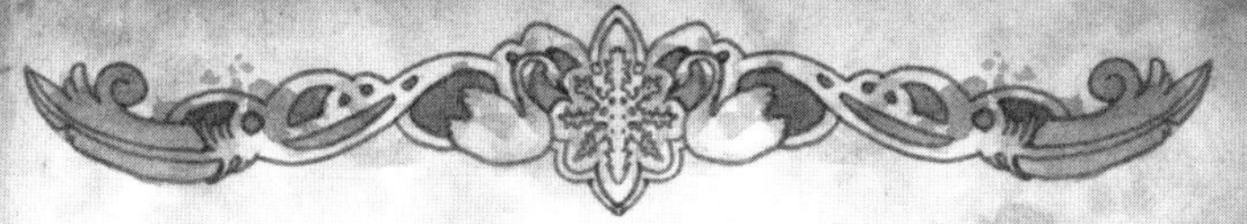

Um den Widersachern der zwölfgöttlichen Schöpfung die Stirn bieten zu können, übt sich der Jäger täglich mit dem Bogen und der Seitenwaffe, denn davon hängen sein Überleben und das der Schutzbefohlenen ab.
Den Jäger triffst du häufig in einsamer Umgebung an oder er kommt dir in einer Notlage zu Hilfe. Dabei ist er häufig distanziert und gibt knappe Anweisungen, denn wichtige Entscheidungen müssen schnell getroffen werden. Die Jagd auf Ungeheuer oder deren Erschaffer führt manchen Jäger der Weißen Maid in bewohnte Gebiete, und zuweilen schließt sich der Wildniskundige einer Gemeinschaft an und führt diese, wenn furchtlose Streiter gebraucht werden. Bogen, Speer oder Messer wissen sie ebenso zu gebrauchen wie Tau und Kletterhaken. Verwundungen von Menschen und Tieren umsorgen sie gekonnt und einfühlsam. In kalten Nächten sind ihr Mut und Wille die leuchtende Fackel gegen Verwirrungen.

Prophetinnen der Eiskristalle

»Eine Prophetin prüft und deutet die Zeichen des Schicksals. Sie vernimmt die himmlische Sprache im Eis.«
—Kelas Notizbuch, Tempel Eestiva, 1043 BF

Unsere Verkünderin lebt die Reise und den Anfang auf eine geheimnisumwobene Art. Der Winter schlägt das Kapitel eines Buches zu und verlangsamt das Leben. Daneben mahnt er und beendet eine Ära. Der Frühling eröffnet das Neue und läutet das Wachsen ein. Diesem Wandel öffnen sich unsere

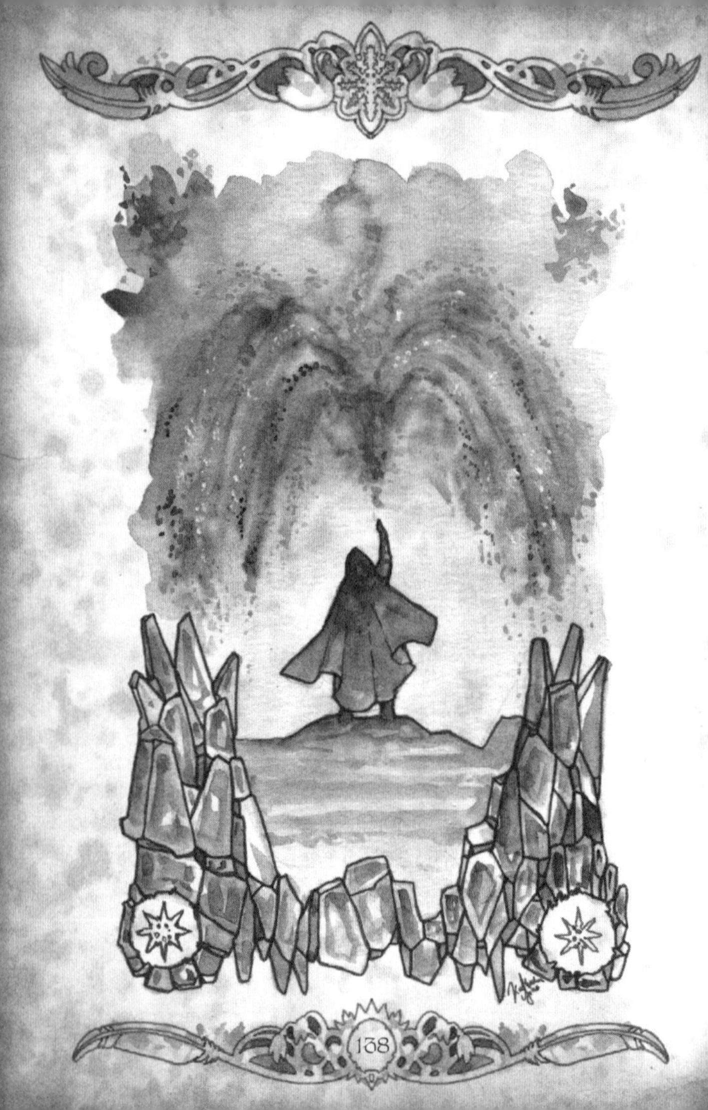

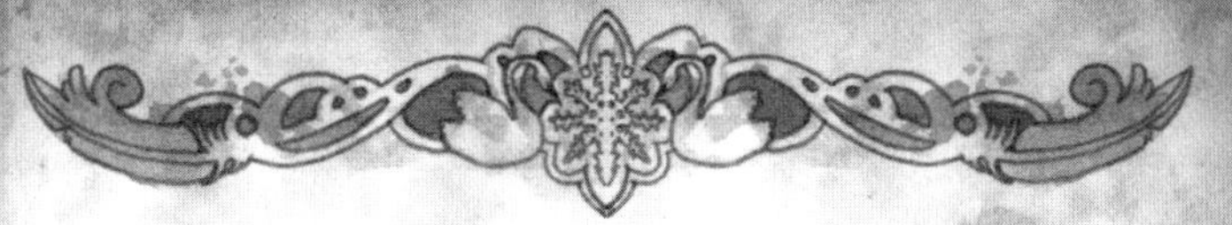

Glaubensgeschwister. Das Licht der Frühlingssonne durchdringt den Nebel des Schicksals. An verehrungswürdigen Plätzen meditieren Prophetinnen, um Warnungen und Ratschläge zu spüren. Solche Plätze sind Höhlen mit Eis, Gletscher sowie dampfende Geysire oder tosende Wasserfälle. Weiterhin lauschen sie dem Klang und Echo des Eises oder einer Quelle, welche ihnen Inspirationen verleihen.

Interessiert beobachten sie die Phänomene der Natur. In ihren Betrachtungen sind sie frei und nicht an einen Ort gebunden. Sie tragen Schwanen- und weiße Adlerfedern mit sich, aus deren Flug sie Formen erkennen und deuten können, ähnlich dem Wolkenflug. Die Nordlichter am Himmel fallen ebenso in ihr Metier. Grüne Lichter stehen für Hoffnung, gelbe eher für Warnungen. Rot birgt Gefahr und blaue Schlieren am Firmament stehen für Unterstützung. Das Erscheinungsbild und Verhalten von Tieren und Menschen studieren sie ausgiebig. Einem wütenden Gesicht können sie im Voraus mit Güte begegnen und einer verteidigenden Bärenmutter ausweichen.

Die Weissagerinnen unter uns sind selten, aber dafür kaum lokal festgelegt. Von der Fügung lassen sie sich treiben: Orte mit Kraftquellen und weitgereiste Personen, die von Veränderungen berichten mögen, üben Anziehung auf sie aus. Oft schließen sie sich anderen Reisenden an, da Ifirns Wille sie miteinander verbindet.
Die Prophetin entwickelt ein sensibles Gespür für die Bedürfnisse ihrer Umgebung. Tief ins Herz sieht manche Dienerin

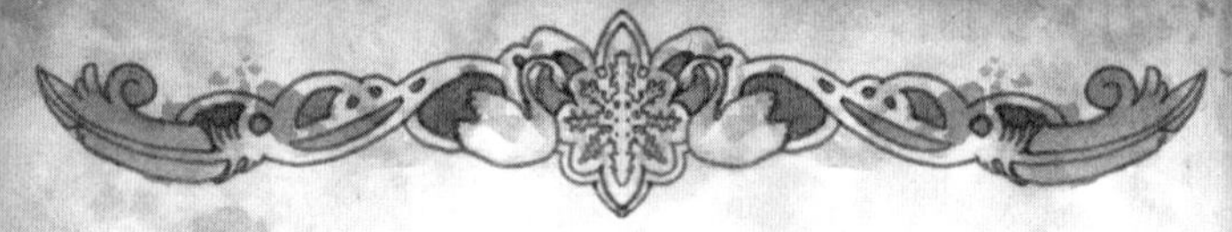

des Pfades und löst damit Knoten, die jemandem die Luft zum Atmen rauben mögen. Zuweilen erscheint sie abwesend und in Gedanken versunken, doch sie schult bloß ihre innere und äußere Wahrnehmung. Bei zukünftigen Unternehmungen findest du in einer Prophetin eine kompetente Hilfe, die sich mit dem Wetter, aber auch mit diplomatischen Gesprächen und dem Entwickeln von Strategien gut auskennt.

Sternwanderer

»Sternwanderer suchen die gefallenen Ifirnsfunken, welche die Göttin uns zu Hilfe schickt.«
—Kelas Notizbuch, Tempel Eestiva, 1043 BF

Eine göttergefällige Jagd nehmen diese wenigen Diener auf sich. Ifirn sendet Gestirne gen Dere, eine unmissverständliche Botschaft an uns. Der Queste widmen sich unsere Sucher. Das Fernrohr und Sternenkarten halten sie bereit, um Veränderungen am Firmament zu erkennen. Spitzhacke und kleine Spaten tragen sie am Gürtel, um das Ziel ihrer Jagd zu bergen. Kompass, Stift und Tagebuch sind stets in der Umhängetasche greifbar. Sie senden regelmäßig Briefe zur aktuellen Lage gen Bjaldorn und erhalten von dort Informationen.
Ifirnsfunken sind ein Zeichen der Schwanengleichen in akuten Notlagen. Dabei kann es sich um eine Bedrohung für die Menschen und den Glauben handeln, ebenso um Hinweise auf

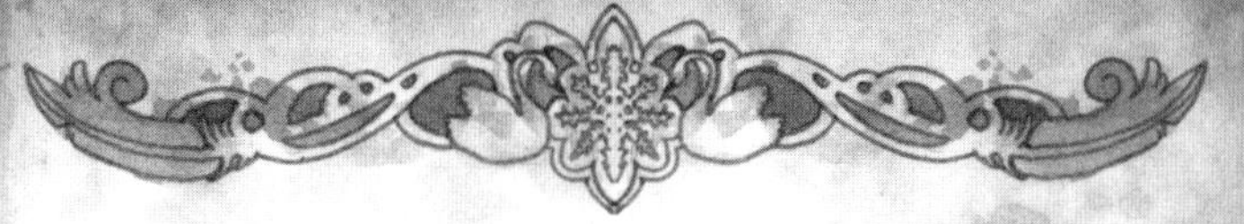

finstere Ungeheuer oder Bestrebungen der Kalten Braut. Deshalb gehören das Erfragen und Aufdecken der Hintergründe zu den wichtigen Taten dieser Geweihten.

Du findest sie in Bibliotheken, wo sie Sagen sowie Kartenmaterial studieren. Ansonsten sucht der Forschende das Wissen in Tempeln, einem Observatorium und bei Gelehrten, vor allem jenen der Sternenkunde. Neben staubigen Büchern zieht es ihn in verschiedenste Regionen, in denen man über Himmelskörper spricht. Manche pilgern nach Arivor, um die leibhaftigen Auswirkungen des Sternenfalls zu erblicken, andere durchstreifen Wildnis und Gebirge zu Studienzwecken. Allianzen ergeben sich mit der Kirche der Hesinde oder des Phex, da beide einen großen Schatz an Informationen bewahren. Auch mit Akademien der Zauberei verbünden sich manche.
Jeder Wanderer mehrt sein Wissen zu den Sternen am Firmament. Selbst die Kunde magischer und dämonischer Widersacher ist ihm nicht fremd. Körperliche Fähigkeiten wie das Klettern bleiben nicht außen vor, denn eine Expedition an entlegene Plätze ist zehrend und aufwendig. Meist ist er in Begleitung unterwegs, da Bedrohungen zahlreich sind und Beistand erfordern. So führt unser Schwanendiener seine Freunde stetig in neue Abenteuer. Den Gefährten ist der Sternwanderer ein Beispiel an Ansporn: Jeder passende Mosaikstein bringt die Suchenden dem Ziel näher. Eine himmlische Aufgabe.

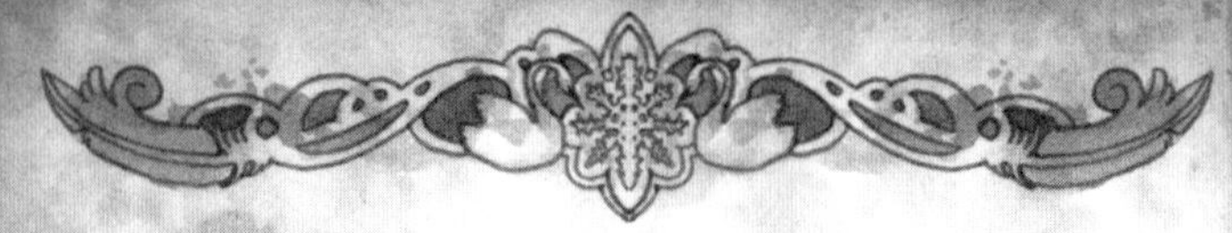

Schwanenritterinnen

»Eine Schwanenritterin schützt die Schwachen und trägt sie auf ihren Schultern. Sie strebt nach den Idealen der Göttin.«
—Kelas Notizbuch, Tempel Eestiva, 1043 BF

In Tobrien steht das Rittertum in hohen Ehren. Die Streiterinnen eifern edlen Tugenden nach, im Namen der Zwölfe. Aus diesen gingen einst die sogenannten Schwanenritterinnen hervor, welche sich heute nur noch vereinzelt zeigen. Neben den üblichen Prinzipien haben sie dem Kodex Ifirns Treue geschworen, meist auf den Spuren einer Tochter der Sanften. So heben sie ihren wackeren Arm, um Reisende in der Wildnis und auf Weihern zu schützen. In der Kunst des Bogenschießens streben sie nach Vollendung und überwachen das Einhalten der Jagdgesetze. Kürzlich ward das Schwert des Thiomar von Schnattermoor gefunden, ein Ifirngeweihter und großherziger Recke. Diese Erzählung verbreitet sich und ruft Erinnerungen an frühere Götterläufe wach. Es mehren sich bei uns in Firunsbrunn Nachfragen zu diesem kleinen Orden ohne Hierarchie. Die Zeit scheint gekommen, da tapfere Kämpfer den gemeinsamen Pfad der Milde und Ehre erneut beschreiten wollen. Man erkennt Schwanenritter am eisblauen Wappenrock mit weißem Schwan auf der Brust.

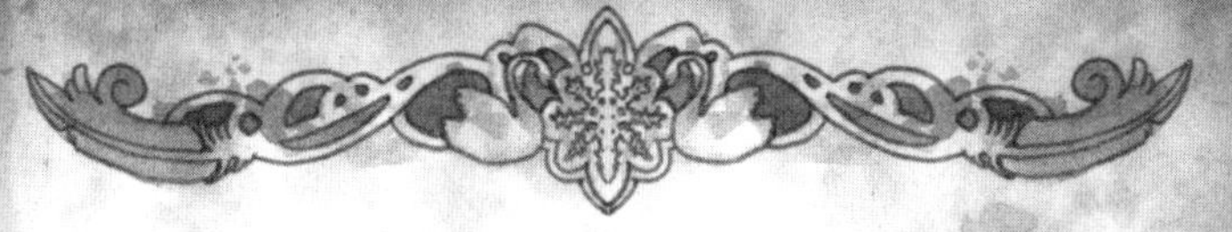

XI

Anregungen zur Ausgestaltung von Ifirngeweihten

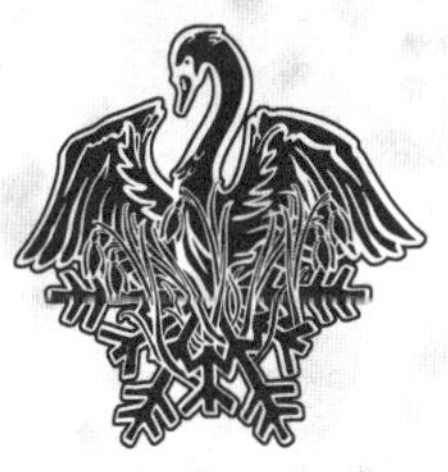

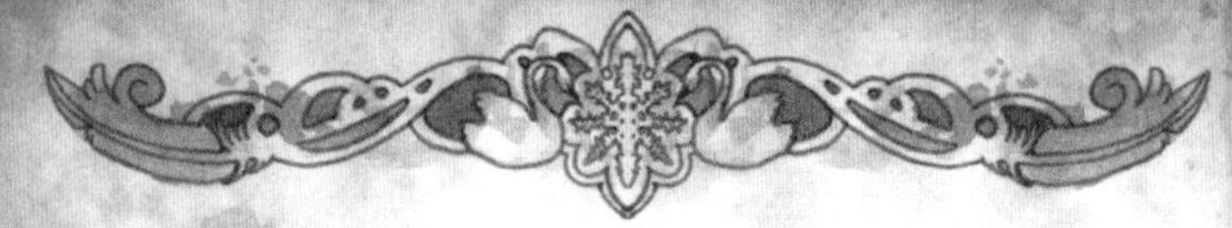

Dieses Kapitel enthält irdische Vorschläge, wie du eine Geweihte der Schwanengleichen gestalten und am Tisch darstellen kannst. Sie vervollständigen die aventurischen Beiträge des Büchleins und bieten mögliche Charakterkonzepte an. Eine Vertreterin der Gütigen und Hilfsbereiten Göttin ist vielerorts beliebt und daher leicht in eine Gruppe einzubinden.

»Ich betrat den Tempel mit Zweifeln, ob man mich mit sechzehn Lenzen überhaupt für ein Noviziat in Betracht ziehen würde. Mein bisheriger Lebensweg war eher unpassend verlaufen; ein Nachkomme des Landadels will Hilfe für die Armen sein? Meine Verbindung zur Kirche der Ifirn war bestenfalls als üblich zu bezeichnen; Gespräche zur Milden hatte es zu Hause kaum gegeben, die längere Begleitung einer Geweihten war mir wegen meiner Verpflichtungen verwehrt. All das sagte ich der Tempelvorsteherin, und sie lächelte mich bei der Ernennung zum Novizen an. Ich war so glücklich. Dies ist es, was die Kirche der Schwanengleichen ausmacht: Hilfe auf dem eigenen Weg.«
—Rückblick des Novizen Maris, Tempel zu Norburg, 1041 BF

Die bedeutsamen Verehrungsstätten der Sanften stehen in den Städten, doch jedes Kind des Nordens kennt die Göttin durch Eis und Schnee oder die festlichen Tage der Blütezeit. An Seen und in Tälern findet man Schreine der Wintertochter. Den Geweihten der Ifirn bringen die Menschen großen Respekt entgegen, denn sie packen an. Kranke führen sie an der Hand, und

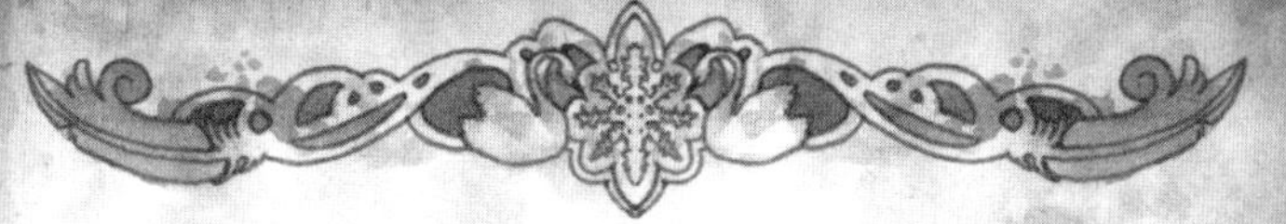

den Holzfällern zeigen sie das beste Gebiet für das Schlagen des Werk- und Heizstoffes. Die Anwesenheit eines Schwanendieners bringt auch immer einen Hauch von Aufmunterung. Mit ihrer Hilfsbereitschaft und Güte sind sie eine Bereicherung für jede Heldengruppe.

Da Getreue der Wintergöttin offen und ohne Vorurteile an jeden herantreten, bringt man ihnen ebenso Vertrauen entgegen. In Zeiten der Not bauen die Bewohner und Freunde auf ihre Unterstützung. Braucht sie selbst einmal starke Hände, schlagen die Umgebenden ihr den Wunsch selten ab. Zuweilen muss die Geweihte um Verständnis bitten, da sie nicht alle Aufgaben gleichzeitig erledigen kann, die an sie herangetragen werden. Dann vermittelt sie gegenseitige Hilfe, was die Beteiligten untereinander zusammenschweißt.

Die Welt braucht Unterstützung an vielen Orten. Eine Dienerin der Sanften reist viel umher und schenkt den Menschen die Freundlichkeit der Himmlischen. Für die einzelne Geweihte gibt es an fast allen Stätten Gelegenheiten, den Idealen der Schwanengleichen nachzueifern. Daher zögert sie kaum, ihren Standort zu verlassen, möchte aber die Angelegenheiten der Heimat ebenso in Sicherheit wissen. Ein ruhmreiches Abenteuer vermag andere zu locken, die Anhängerin sieht vor allem die Not und die Gefahr aus Sicht der Betroffenen, welche es mutig zu beseitigen gilt.

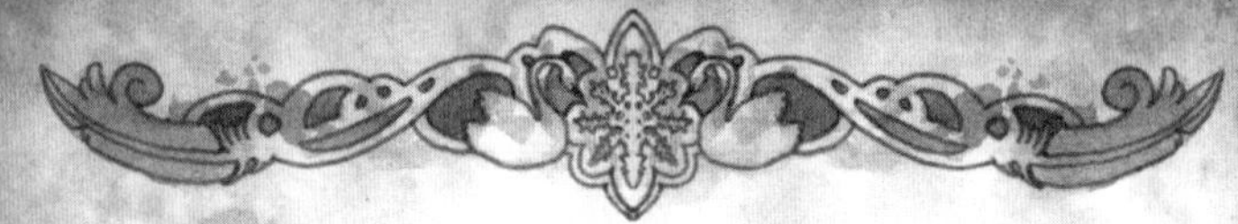

Schmelzende Grenzen und knarzende Blöcke

»Der Ifirnsschmetterling flatterte neben dem Schwalbenschwanz, die Bienen summten zwischen den farbenfrohen Frühlingsblüten.
›Du hast die hohe Geweihte gehört. Was ist die Wintergöttin in aller Kürze?‹, fragte das dunkelhaarige Mädchen.
›Frühling und Wachstum‹, antwortete der blonde Junge.
›Auch Winter und Vergehen‹, ergänzte sie.
›Gemeinschaft und Güte‹.
›Sowie Reise und Zielstrebigkeit‹. Sie ging langsam ein paar Schritte im Kreis.
Er wiegte mit dem Kopf hin und her. ›Hilfe und Hoffnung?‹
›Ebenso Opfergabe und Todespfeil‹.
›Ich habe es‹, sagte er, ›sie ist das Leben.‹
›Stimmt.‹ Beide grinsten zufrieden.«
—Gespräch zwischen zwei angehenden Geweihten, Beonfirn, 1043 BF

Die Wintertochter steht für mannigfaltige Aspekte, was ihre Getreuen so vielseitig macht. Manche stellen Nächstenliebe und Gemeinschaft in den Vordergrund, andere ziehen die Reise in die eisige Wildnis vor. Die Natur und Bogenkunst dürfen auch nicht fehlen. So kommen verschiedene Arten von Denkweisen und Menschen in der Kirche der Ifirn zusammen. Diese Vielfalt macht es für die Vorsteherin aufwendiger, Ifirns Diener hinter sich zu versammeln. Stehen die Gefahren des Hohen Nordens im Fokus, vermissen Teile der Geweihtenschaft ihre persönlichen Schwerpunkte, wie die Hilfsbereitschaft im Kontakt mit den Gläubigen. Dies ist ein Grund,

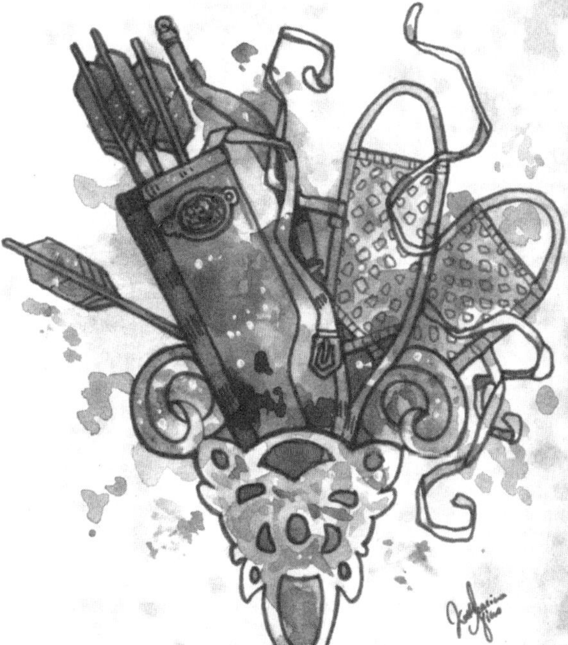

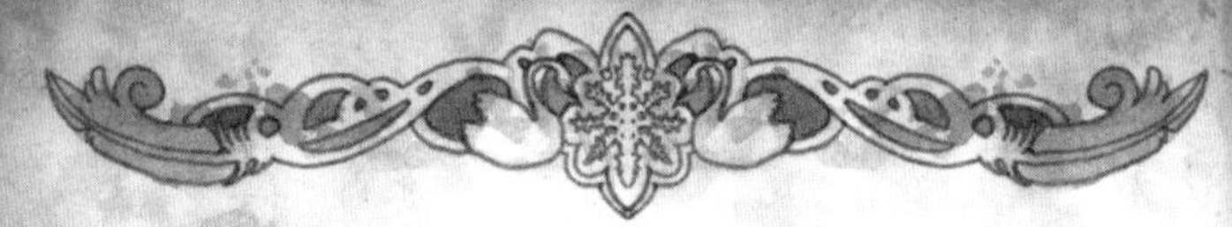

warum die Vernetzung innerhalb der Kirche mitunter schwierig und Kommunikation untereinander unerlässlich ist.

Die breite und teils pragmatische Auslegung des Ifirnglaubens löst vor allem bei konservativen Gelehrten und strengen Kirchendienern der Zwölfe mitunter Stirnrunzeln aus. Sie monieren übergreifende Themen, da manches bereits fest in der Hand anderer Götter ist. Die Heilung gehört zu Peraine, der Frühling zu Tsa. Die Wildnis und den Bogen hat Firun unter sich, während Travia das Zusammensein fördert. Rahja schenkt Liebe und Geborgenheit. Für Ifirn bleibt da kaum Platz.

Aus Sicht der Kirche ist es genau diese Ganzheitlichkeit, die die Wintergöttin ausmacht. Tsa-Diener jagen nicht und Firunis suchen meist die Einsamkeit. Die Gefährten der Travia bleiben in der Heimat und die Rahjanis lieben den Rausch.

Ein Leben im Sinne Ifirns vereint viele der zwölfgöttlichen Tugenden. Die Frühlingsspendende singt eine eigene Melodie und ergänzt andere Klänge, was ein mehrstimmiges und völlig neues Werk ergibt.

Federfarben

Eine Ifirnsdienerin kann eine Heldengruppe auf vielfältige Weise bereichern. Gründe für Reisen gibt es für Anhängerinnen der Wintergöttin zahlreiche, denn das Wandern ist Teil

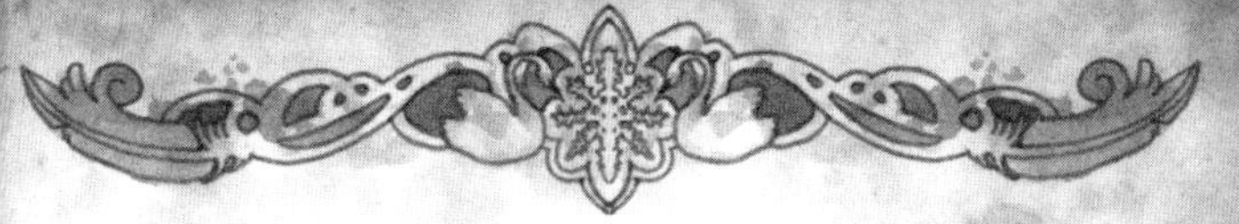

des göttergefälligen Wirkens der Schwanendiener, ebenso das Streiten gegen die Fährnisse des Nordens und unbekannte und grausame Schrecken. Mit den Ifirnsfunken warten Artefakte Ifirns auf Entdeckung, die Forschung hierzu ist eine bedeutsame Aufgabe. Eine Weissagung oder Vision der Milden kann eine Schwanenfreundin in die Welt hinausführen, wobei sie Vergessenes zurückholt und Unheil abwendet.
Eine Tempelvorsteherin mag eine Geweihte in die Welt schicken, um Erfahrungen zu sammeln. Das Unterbinden des Handels mit Theriak oder neue Behandlungsmethoden gegen die Eisherzen sind ebenfalls als Motivation denkbar. Ifirngeweihte ergänzen die Fertigkeiten von Abenteurern auf der Jagd, in der Wildnis und auch in Fragen der Heilung.

Welchem Pfad ein Geweihter der Ifirn folgt, kann von seiner Herkunft beeinflusst werden. Stammt er aus der Stadt mit einem nahen Tempel oder aus einer ländlichen Gegend? Fließt das Blut eines Bronnjaren in ihm oder das eines Jägers aus dem Svelltland? Vertritt er den sanften Hauch der Kirche oder eher den streitenden Arm? Hatte er schon früh Kontakt mit Ifirn? War es ein später Ruf? Auf welcher Glaubensströmung steigt er ins Boot und was sagt der innere Silberschwan?

Mit den folgenden Beispielen kannst du ein eigenes Bild einer Schwanendienerin zeichnen. Dazu kombinierst du eine der Strömungen mit einer Ifirnstochter. Zusammen ergeben sich verschiedene und modulare Konzepte.

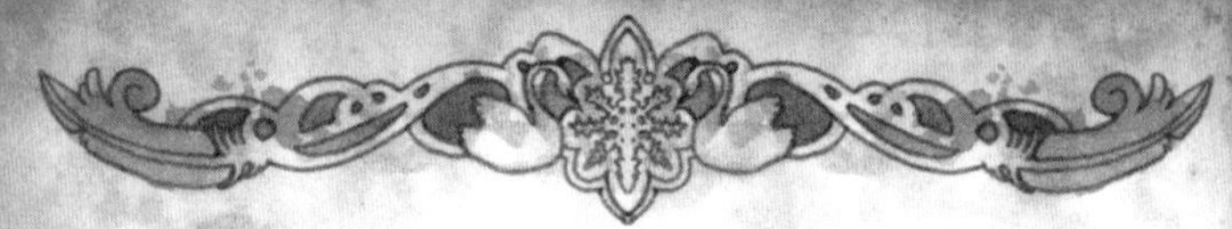

Mit dem Mut Nidaris und Yidaris

- **Der Beschützer des Waldes:** Dieser Jäger der Weißen Maid folgt Nidaris Ruf. Seine Heimat ist meist ein Dorf oder städtischer Tempel. Vor Ort hält er sich kaum auf, denn ihn zieht es in die tiefen Haine und weiten Ebenen. Dort schaut er nach dem Rechten, wie dem angemessenen Bestand der Wildtiere und dem Wachsen der Bäume. Tote Gehölze werden geschlagen und erkrankte Tiere gepflegt, außerdem geht er den Ursachen auf den Grund. Spuren von Wilderern und Räubern folgt er ohne Zögern, um sie mit entsprechender Unterstützung zu vertreiben. Ähnliches gilt für das Fällen junger Bäume und die Jagd während der Hegezeit. Die Früchte des Waldes bringt er den Bedürftigen und weist den Machthaber auf zu schonende Stellen hin. Zuweilen tritt er die Wanderschaft an, um andere Forstgebiete kennenzulernen.
- **Die Funkensucherin:** Jene Sternwanderin hat sich Yidari verschrieben. Neben dem Sammeln von Schriften in Bibliotheken zieht es sie in die verschneiten Berghänge und sogar tief in den Süden Aventuriens. Überall geht sie Erzählungen zum Sternenfall nach und tauscht sich mit Gelehrten aus. Ihr Augenmerk gilt der Pflege günstiger Reiserouten und dem Auffinden der Ifirnsfunken. Dazu schart sie Gefährten um sich, denn das gefallene Licht Ifirns weist auf einen nahenden Schatten hin. Dies wiederum lockt finstere Schergen an, die ein Ausbreiten der Dunkelheit wünschen. Oft muss sie die Gefahr stoppen, und manchmal bedarf es dazu des Sterns selbst. Alle

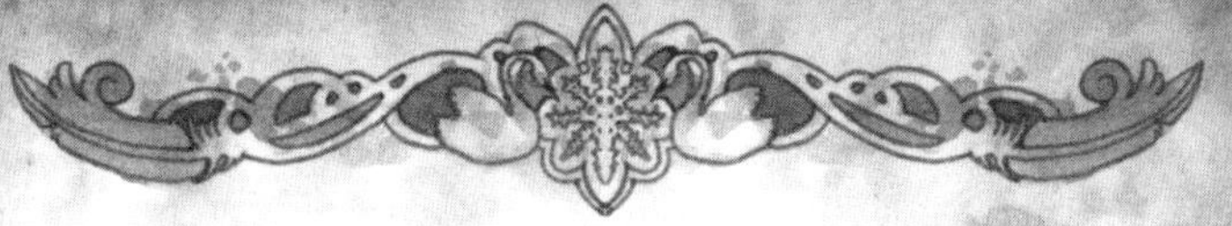

Erkenntnisse fasst sie zusammen und leitet sie an das Zentrum der Kirche in Bjaldorn weiter.

- **Die Bogenmeisterin:** Das scharfe Auge und die Balance von Yidari liegen in der Strömung der Jägerin. In einigen Kulturen schenkte Ifirn den Menschen den Bogen als hilfreiches Werkzeug. Je nach Anwender können sich unterschiedliche Vorzüge ergeben. Daher weiß die Bogenbauerin, welches Holz sich für welchen Bogen besonders gut eignet und welches Material die beste Sehne liefert. So gewappnet, tritt die Gefährtin der inneren und körperlichen Balance den Gefahren im Hohen Norden entgegen. Dienerinnen Yidaris unternehmen Reisen in südliche Gefilde oder zu anderen Kulturen, um die verschiedenen Hölzer, Bauweisen und Techniken zu erforschen. Es gibt Erzählungen über den Austausch mit Elfen und Tulamiden.
- **Die Falkenmutter:** Ähnliche Wege wie die Bogenmeisterin begeht jene, die in Andenken an Ifirns Mutter einen Greifvogel für die Jagd bei sich trägt. Die Heimat der Frau Firuns und die hohen Gebirge haben es ihr im Speziellen angetan, sodass sie auf den Spuren Meribans bis in die Tulamidenlande wandert. Dort überbringt sie die Kunde der Milden.
- **Der Schneeflüsterer:** Auch der Schneeflüsterer ist stets auf Wanderschaft. Dieser verinnerlicht die Prophetie und Nidaris Stärken. Seine Routen sind nicht geplant und basieren auf dem Erspüren von Kraftquellen vor Ort. Impulse erhält er auch durch die Tierwelt, die er wie seine Kinder behandelt. Ein Thorwaler Vertreter befragt zusätzlich die Runjas.

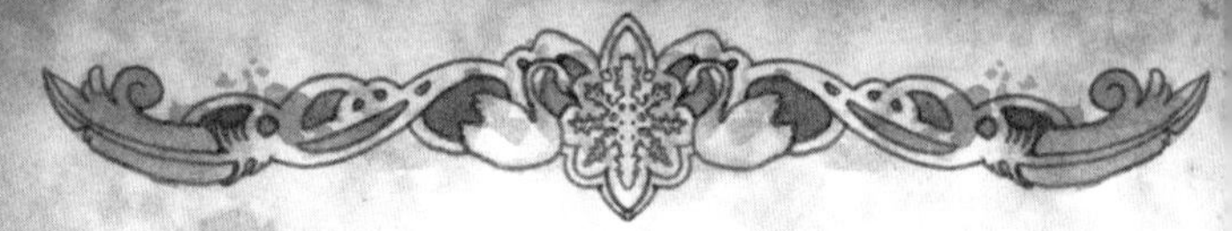

Lidari und Aidari im Herzen

- **Der Visionsläufer:** Ein Prophet der Eiskristalle hat Lidari als Patronin gewählt. Er kennt die mystischen Formen und Gesichter des Eises. Ausrüstung und Pflanzen für das Weissagen sind ihm geläufig und Lichtspiegelungen seine Inspiration. Alte Sagen der Götter und Lieder fremder Kulturen lernt er und gibt sie weiter. Zu seiner Bestimmung zählen das Deuten der Hinweise Ifirns in den Nordlichtern sowie der Federflug. Die Gestalten und Bilder wandeln sich und sind mehrdeutig. Daher ist es für ihn zuweilen anregend, sich mit anderen Geweihten der Milden auszutauschen, wobei einige ebenso die Expertise von Hesinde- oder Borongeweihten und Rabenhexen schätzen. An manchen Tagen sind seine Gedanken auf das Innere konzentriert, sodass er die Gesellschaft von Freunden sehr achtet. Daneben gibt es Zeiten, wo der Seher die Mosaiksteine seiner Eingebungen zusammensetzt und ihnen voller Tatendrang folgt.
- **Die Friedensstifterin:** Hier hat sich die Hüterin der Schwänin der Tochter Aidari zugewandt. Sie mag das Leben in einem Tempel, einem Dorf oder einer Gruppe. Wie die Gewässer kennt sie das Seichte und Tiefe der Seele und vermag die Menschen einzuschätzen. Liebevoll geht sie Bedürftigen zur Hand und tröstet sie in Gesprächen, auch über mehrere Monde. Sie genießt das Vertrauen des Dorfes und ihrer Umgebung. Verschiedene Auseinandersetzungen oder Unstimmigkeiten haben weitreichende Hintergründe. Aus diesem Grund zieht sie hinaus, um die Ursachen zu erforschen und die Welt zu einem besseren Ort zu machen. Mit Würdenträgern und hochrangigen Personen spricht sie

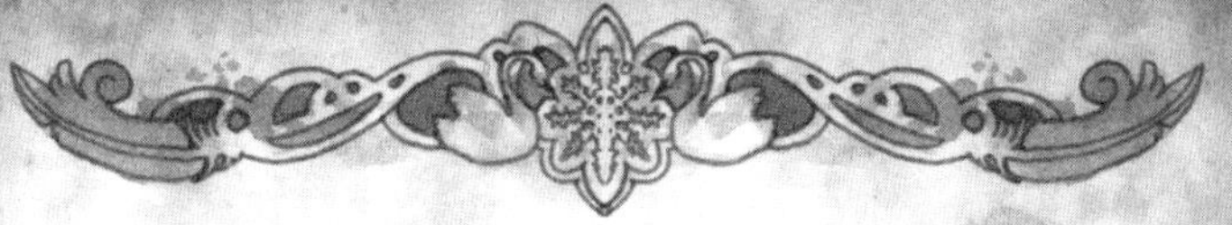

und bittet um Milde für diejenigen, die nicht anwesend sind oder schnell übersehen werden. Sie weiß Ungerechtigkeiten von Standesgrenzen zu differenzieren und gilt einigen als Diplomatin der Herrin.

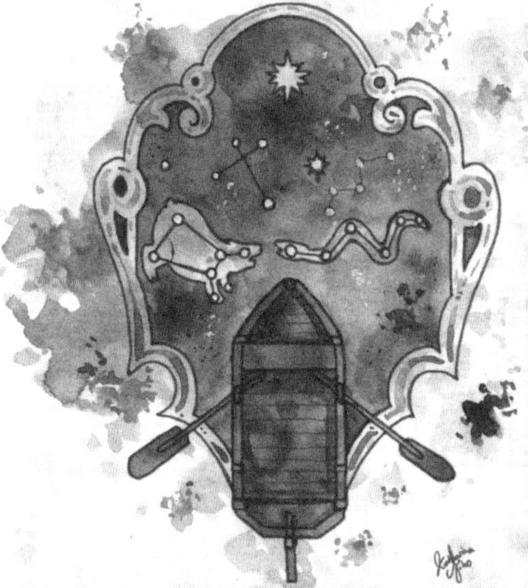

- **Der Ritter vom See:** Als Mitglied der Schwanenritter trägt dieser Recke das edle Tier nicht nur auf der Brust, sondern verbreitet auch die Herzenswärme Aidaris. Nach dem Ritterschlag hat er sich den Lehren Ifirns zugewandt, mitunter

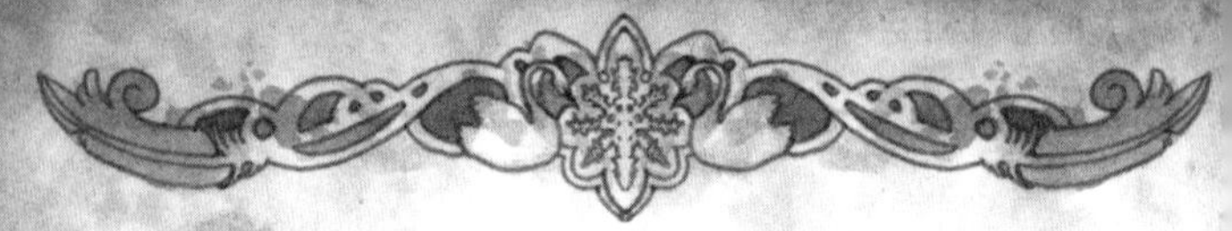

sogar in Gestalt eines spätberufenen Geweihten. Der Wintergöttin und ihren Töchtern dienen sein Schwert und sein Schild. Wie das Schmelzwasser rauscht er mit seinem Ross an den Ufern entlang. Flößer und Bootsleute schützt er mit seiner Kraft, ebenso ist er ein gerechter Verteidiger von Ehrlichkeit und Freiheit. Wo Menschen in Not sind, treibt es ihn hin; Raubritter verfolgt er ebenso wie Diebe und Gesindel. Der Streiter von adliger Herkunft darf das Schwanensymbol im Turnier führen, wobei es nicht für den eigenen Ruhm, sondern für die Mildtätigkeit steht: Sein Gewinn geht an die Armenhäuser und Hilfsbedürftigen.

- **Die Eisführerin:** Manche verspüren eine Verknüpfung der Jägerin und der Prinzipien Lidaris in sich. Eine Eisführerin lenkt Handelszüge und Wanderer auf ihren Pfaden, wobei sie den Reisenden die Gegend mit Aussichten und Geschichten näherbringt.
- **Der Fährmann der Sterne:** Er folgt den Spuren der Gestirne auf Aidaris Element, dem Wasser. Mit Boot und Schiff legt er weite Strecken auf Flüssen und Seen zurück, um mehr über die gefallenen Himmelskörper und den Einfluss auf die Menschen zu erfahren. Er spricht mit Anwohnern und Augenzeugen über ihre Befürchtungen, Ängste und Hoffnungen. In Gefahrensituationen zieht er selbst los, um mutige Unterstützer zu gewinnen.

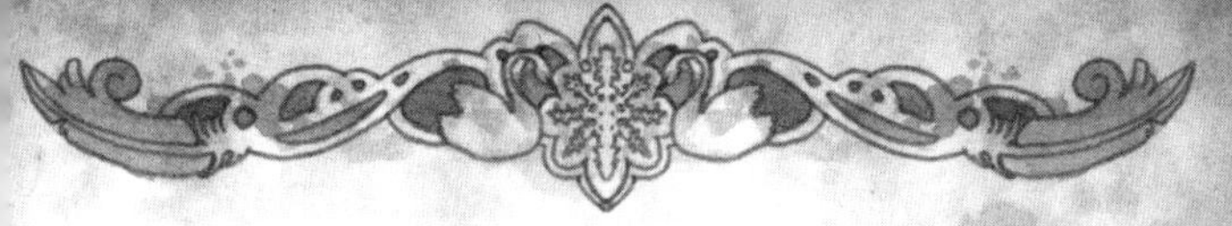

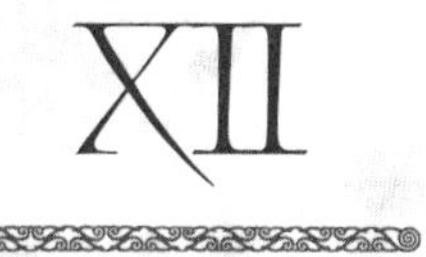

Vakatseiten

Erfülle diese Seiten mit neuen
und ungewöhnlichen Ideen, der Göttin zum Wohlgefallen

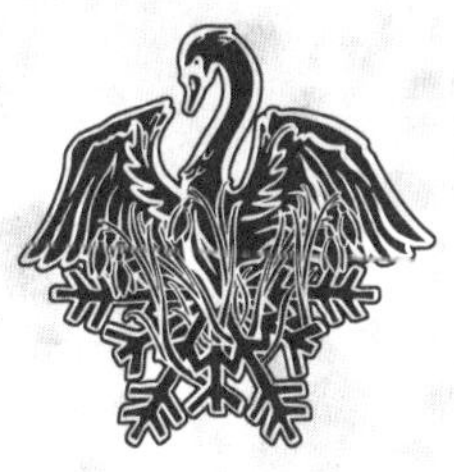

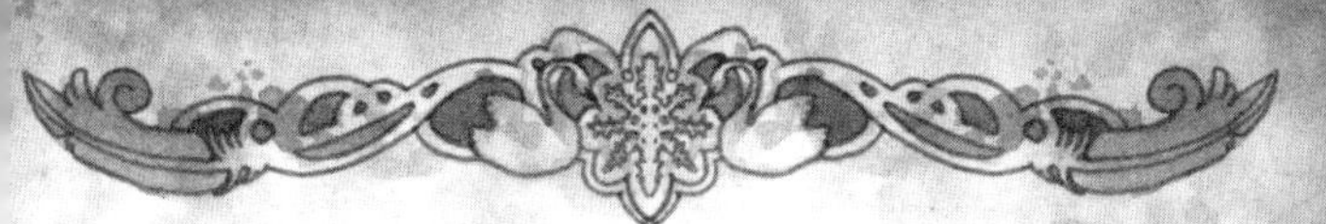

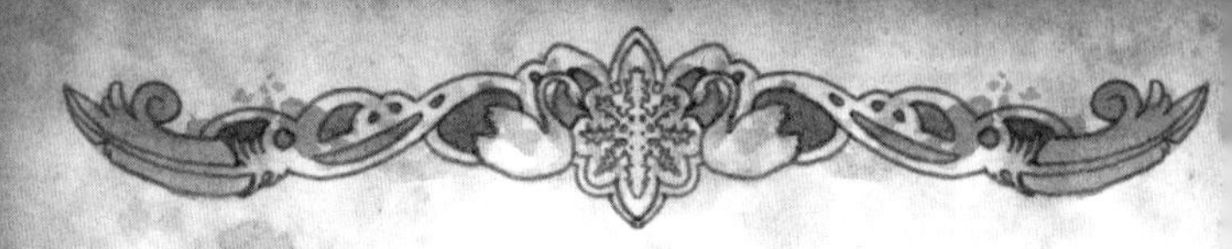